国家社会科学基金项目" 基于用户感知的移动图书馆服务质量评价及提升策略研究"(13BTQ026)的研究支持

| 光明社科文库 |

移动图书馆
服务质量评价及提升策略

郑德俊　等◎著

光明日报出版社

图书在版编目（CIP）数据

移动图书馆服务质量评价及提升策略 / 郑德俊等著 .--
北京：光明日报出版社，2019.12（2022.4 重印）
（光明社科文库）

ISBN 978 - 7 - 5194 - 5352 - 7

Ⅰ.①移… Ⅱ.①郑… Ⅲ.①数字图书馆—图书馆服
务—服务质量—评价—研究 Ⅳ.① G250.76

中国版本图书馆 CIP 数据核字（2019）第 289046 号

移动图书馆服务质量评价及提升策略
YIDONG TUSHUGUAN FUWU ZHILIANG PINGJIA JI TISHENG CELÜE

著　　者：郑德俊 等			
责任编辑：许　怡		责任校对：李　荣	
封面设计：中联学林		责任印制：曹　净	

出版发行：光明日报出版社

地　　址：北京市西城区永安路 106 号，100050

电　　话：010-63139890（咨询），010-63131930（邮购）

传　　真：010-63131930

网　　址：http：// book. gmw. cn

E - mail：gmrbcbs@ gmw. cn

法律顾问：北京市兰台律师事务所龚柳方律师

印　　刷：三河市华东印刷有限公司

装　　订：三河市华东印刷有限公司

本书如有破损、缺页、装订错误，请与本社联系调换，电话：010-63131930

开　　本：170mm×240mm

字　　数：208 千字　　　　　　　印　　张：14.5

版　　次：2019 年 12 月第 1 版　　印　　次：2022 年 4 月第 2 次印刷

书　　号：ISBN 978 - 7 - 5194 - 5352 - 7

定　　价：89.00 元

前　言

　　移动图书馆凭借其泛在及便携的服务特性，已成为用户获取图书馆信息资源和享受图书馆服务的新兴方式，为图书馆避免边缘化危险提供了新的能量。伴随移动图书馆服务平台建设的日益成熟，移动图书馆服务平台快速普及，相关开发案例介绍、用户需求分析、系统构建，服务内容的创新与推广、服务平台适用性优化等相关研究相对繁荣。但综合来看，移动图书馆用户群的壮大及其用户持续使用热情与移动图书馆的发展速度并不同步，如何从移动图书馆设备优先回归到用户优先；如何探测用户使用体验；如何优化服务质量控制方法以吸引用户持续使用、增强用户满意度就显得既必要，又迫切。

　　依托文献法，本研究系统梳理移动图书馆的发展历程，通过广泛问卷调查，分析移动图书馆的服务现状及用户认知状况；征集部分用户参与移动图书馆服务体验实验，进而总结移动图书馆服务质量的影响因素。通过问卷调查、探索性分析和验证性分析，构建用户感知的移动图书馆服务质量测评模型。运用测评模型进行现实调查，运用聚类分析、推断性统计分析和象限分析方法对比分析不同用户群体对移动图书馆服务质量的感知差异。使用结构方程方法，验证移动图书馆服务质量在用户满意度、用户持续使用意愿中的作用机制，借鉴持续使用改进理论框架，构建移动图书馆服务质量的优化体系，选用典型的移动图书馆服务平台作为案例，进行移动图书馆服务质量优化控制实证。具体研究内容如下。

　　①构建了移动图书馆服务质量的多维多层测评模型。该模型由功能质

量、技术质量和用户关怀质量3个主维度及功能丰富性、功能适用性、易学易用性、安全稳定性、支持用户参与和支持个性化6个子维度构成，共涉及26个观测题项。移动图书馆服务质量可作为3个主维度的共享方差。该模型可为移动图书馆服务质量的测评实证提供可以借鉴的测评量表。

②实证了用户感知的移动图书馆服务质量的差异性。这种感知差异在不同性别的用户、不同使用频率的用户、不同学科的用户、不同类型图书馆的用户都是存在的。文史学科用户、男性用户、经验丰富的用户更关心CIQ（支持个性化）、CPQ（支持用户参与），而理工科用户、女性用户更关心FAQ（功能丰富性）、FSQ（功能适用性）。高校图书馆用户的关注点在FSQ（功能适用性）和CPQ（支持用户参与）方面，而公共图书馆用户的关注点在FSQ（功能适用性）、CIQ（支持个性化）方面。结合对用户群体的聚类及其特征分析，项目研究认为服务质量的提升应该考虑用户群体的优先满足次序。

③建构了用户感知质量对移动图书馆用户持续使用意愿和用户满意度的作用机制。用户感知质量通过影响用户感知价值进而影响用户持续意愿。但用户感知质量还受情境刺激因素（自我效能、社会影响）影响。移动图书馆用户满意度受用户使用情感和用户认知的共同影响。移动图书馆用户的感知质量除对用户满意度有直接影响外，还会通过影响用户的感知价值，进而影响用户的满意度。用户感知质量还会与使用情感共同作用于用户满意度。

④构建了移动图书馆感知质量优化体系，并进行了案例实证。将移动图书馆服务质量作为内核，合并考虑需求引领、宣传推广和用户培训等外围影响，将移动图书馆服务质量的优化模式提炼为D-Squat模式。重点针对体现质量内核的移动图书馆服务平台，建立了涉及优化目标选择、优化项目确立、优化策略运营、优化效果评估四个环节的STOC质量优化管理框架和具体任务完成办法。项目研究给出了服务质量优化的完整示范步骤和过程，证明了基于STOC的服务质量优化方案的可操作性。

本书写作存在如下特色。

从移动图书馆服务质量内涵解读入手，围绕"服务质量测评模型——服务质量的作用机制——服务质量的优化提升"这一路径进行系统探索，重视理论构建的逻辑性与优化方案的可操作性。主要有两个典型特点。

①数据翔实，方法多样。项目研究联合了国内多个原985高校和211高校图书馆、多个大型公共图书馆及国内典型的移动图书馆服务平台服务机构开展调查，问卷调查样本量大，受调查用户都是真正的移动图书馆服务平台的注册用户。项目研究综合了访谈法、问卷调查法、扎根理论方法、象限分析方法、聚类分析方法、探索性因子分析法、验证性因子分析法、统计分析建模、Shapley值法、案例实证等多种方法。较大规模的数据和多种研究方法的支持为研究结论的可靠性提供了有力的支持。

②研究结论明确，理论与实践密切结合。多维多层测评模型的论证过程严密、构建过程清晰，明确分析了其与类似主题研究成果的相同性及差异性。该测评模型还被运用于服务质量评价实践，以协助分析用户感知的差异性。在用户感知质量对用户持续使用意愿和用户满意度的影响研究方面，既讨论了认知的中介作用，又研究了认知和情感的综合作用机制。针对移动图书馆服务质量优化，不仅构建了一体两翼的 D-Squat 理论模式，而且也给出有可操作性的 STOC 质量管理实施框架，并结合案例实证，给出了详细的服务质量优化的实施步骤。

本书的研究成果不仅可以丰富图书馆服务质量管理及移动信息服务理论，而且为开展移动图书馆服务质量评测、差异性分析、服务质量优化控制提供了示范。基于以上的写作特色，本书不仅可以作为信息资源管理与服务领域的学者（研究人员、教师或研究生）开展理论研究或学习活动的参考资料，而且对正在从事或有志于从事移动信息管理与服务的从业者和实践者有参考价值。

本书由南京农业大学信息科技学院郑德俊教授确定写作的指导思想、整体框架、主体内容、基本观点和写作风格。郑德俊教授的研究生也参与了本书部分内容的创作。其中博士生沈军威参与了本书第二章、第三章、

第五章、第七章的研究工作，硕士生李美玉参与了第六章的研究工作，硕士生王硕参与了第四章的研究工作，硕士生轩双霞、本科生万虹育参与了部分数据采集、资料整理工作，博士生李杨参与了书稿的校对工作。在此对各位创作成员表示诚挚的谢意。本书的相关数据获取还得到了清华大学图书馆、上海交通大学图书馆、东南大学图书馆、南京农业大学图书馆、深圳图书馆、北京世纪超星信息技术发展有限责任公司的大力支持和帮助，书稿的写作还参考与应用了国内外学者的相关研究成果，一并表示谢忱。

本书若有不当之处，敬请专家、学者、业界从业人员和广大读者批评指正。

目 录
CONTENTS

第一章 绪论

一、研究背景

伴随着信息技术和互联网络的发展，人类获取和利用信息资源的行为方式从人际交流、纸质文献逐渐迁移到数字设备上来。从1994年8月16日世界上第一台智能手机——IBM Simon上市[①]，经历过2007年iPhone掀起的智能手机革命，移动智能设备凭借其易携带的特性迅速普及，它将人机交互的方式从过去以桌面电脑为中心拓展为以人为中心的时代，在突破空间与时间限制的基础上，带来人类随时随地与信息交互的生活方式。"数字未来调研项目"指出，91%的美国互联网用户中，使用智能手机进行网络信息获取的用户比例达79%，通过平板电脑、电子阅读器等移动设备使用互联网的用户比例达55%。ComScore的报告数据显示[②]，相比于2013年，2015美国移动APP使用率增长了90%，并占据了用户在数字媒体使用时间增长比例上的77%。在中国，自2012年以来，手机首次超越台式电脑成为第一大上网终端。[③] 根据互联网络信息中心（CNNIC）的《第38次中国

---

① Aamoth D. First Smartphone Turns 20: Fun Facts About Simon[EB/OL]. [2016-08-22]. http://time. com/3137005/first-smartphone-ibm-simon/.

② Adam L, Andrew L, Ben M. The 2015 U.S. Mobile App Report[EB/OL]. [2016-08-23]. http://www. comscore.com/Insights/Presentations-and-Whitepapers/2015/The-2015-US-Mobile-App-Report.

③ CNNIC. 第30次中国互联网络发展状况统计报告 [EB/OL].[2016-09-03]. http://www.cnnic.net.cn/ hlwfzyj/hlwxzbg/hlwtjbg/201207/P020120723477451202474.pdf.

互联网络发展状况统计报告》①，中国手机网民规模已从2012年的3.88亿增长到2016年的6.56亿，使用手机上网人群在网民中的占比也由2012年的72.2%提升至2016年的92.5%。随着移动通信网络环境的不断完善以及智能手机的全面普及，通过移动设备延伸图书馆资源和服务也逐渐得到认同。

1993年美国南阿拉巴马大学（University of South Alabama）图书馆测试无线网络环境下通过掌上电脑（Personal Digital Assistant, PDA）访问图书馆服务，此后芬兰、日本、韩国等国家纷纷探索实施移动图书馆计划②，其后，图书馆通过移动设备提供资源和服务的实践迅速蔓延。美国研究图书馆协会（Association of College & Research Libraries, ACRL）在2012年发布的"学术图书馆10大发展趋势"特别列出"移动环境下图书馆信息服务"③的发展趋势。新媒体联盟地平线报告（2014年图书馆版）做出了移动应用将对图书馆的发展产生影响④的判定。2010年加拿大高校协会（the Association for Universitiesand Colleges of Canada，AUCC）中95所高校已有13所提供了部分移动图书馆服务项目，占比14%。⑤加拿大著名的阿尔伯塔大学（University of Alberta）图书馆将移动开发作为2012—2016年战略规划的优先任务。早在2013年，C. Bomhold⑥对卡耐基基金会中76所评定为高水平公立研究大学的调研结果表明，52所大学支持通过各种各样的移动方式来访问图书馆，占比为71.2%。F. Boateng等人⑦对US News& World

① CNNIC. 第38次中国互联网络发展状况统计报告 [EB/OL]. [2016-09-03]. http://www.cnnic.net.cn/hlwfzyj/hlwxzbg/hlwtjbg/201608/P020160803367337470363.pdf.

② 叶莎莎, 杜杏叶. 国内外移动图书馆的应用发展综述 [J]. 图书情报工作, 2013, 57（6）: 141-147.

③ ACRL Research Planning and Review Committee. 2012 top ten trends in academic libraries [EB/OL]. [2016-08-22]. http://crln.acrl.org/content/73/6/311.full.

④ Johnson L, Adams B S, Estrada V, et al. NMC Horizon Report: 2014 Library Edition[EB/OL]. [2016-08-22]. http://cdn.nmc.org/media/2014-nmc-horizon-report-library-EN.pdf.

⑤ Canuel R, Crichton C. Canadian academic libraries and the mobile web[J]. New Library World, 2011, 112（3/4）: 107-120.

⑥ Bomhold C. Mobile services at academic libraries: meeting the users' needs?[J]. Library Hi Tech, 2014, 32（2）: 336-345.

⑦ Boateng F, Liu Y Q. Web 2.0 Applications' usage and trends in top US academic libraries[J]. Library Hi Tech, 2014, 32（1）: 120-138.

Report（USNWR）排名前100的美国高校图书馆的调研发现，76%的高校图书馆提供了移动界面。皮尤研究中心（Pew Research Center）调研了2004名16岁及以上的美国公共图书馆用户，发现通过智能手机和平板电脑等移动设备访问公共图书馆网站的用户比例，从2012年的39%增长至2015年的50%[1]。2015年，刘奕捷等人[2]对美国纽约州公共图书馆和高校图书馆的调研发现，90%以上受访图书馆已可为移动设备提供服务。

国内自2003年北京理工大学图书馆开国内移动信息服务之先河以来，移动图书馆建设也发展迅速。根据本项目研究课题组调研，截至2013年10月，有70%的211高校可提供移动图书馆服务项目。截至2016年8月，211高校中除了西藏大学外，剩余115所全部都提供了移动图书馆APP服务。从发展历程上看，国内移动图书馆虽然起步略晚于国外，但后来居上。朱轶婷等人[3]调研发现中国进入"世界大学学术排名"（AcademicRankingof WorldUniversities，ARWU）前20所高校图书馆的移动化普及率要高于美国和日本。移动图书馆成为国内图书馆新兴的服务方式，而且其功能和服务内容也在持续深入发展。

移动图书馆的出现给图书馆带来服务方式的快速创新。用户使用图书馆获取信息资源的方式向移动APP为代表的图书馆移动服务平台上迁移。研究者们认为可从移动图书馆服务平台的技术实现方式[4][5][6]、传统图书馆

---

① Horrigan J. Libraries at the Crossroads[EB/OL]. [2016-08-22]. http://www.pewinternet.org/2015/09/15/libraries-at-the-crossroads/.

② 刘奕捷, 吕荣胜, 刘燕权. 美国图书馆移动服务发展现状——纽约州图书馆的调查 [J]. 图书情报工作, 2014, 58（12）: 17-25.

③ 朱轶婷, 宋庆功, 宋玲玲, 等. 中美日高校图书馆面向移动学习服务的比较研究 [J]. 图书馆学研究, 2014（20）: 69-74.

④ 邓凯, 吴家春, 王洪伟. 基于 XML 的移动数字图书服务体系结构研究 [J]. 情报学报, 2002, 21（5）: 559-562.

⑤ Kim B. Twenty tips for creating your library's first mobile web site[J]. Reference Librarian, 2012, 53（3）: 310-312.

⑥ 杨艳妮, 明均仁, 张杰. 基于 Android 的移动图书馆 APP 功能设计与实现 [J]. 图书馆学研究, 2015（7）: 24-30.

网站的服务和功能如何改造成移动形式 [1][2] 等方面来赢得用户的关注。图书馆通过服务形式的创新和移动图书馆推广，不断迎来了移动图书馆用户群的壮大。但现实中移动图书馆只是日益丰富的移动应用类型中的一员，既面临着其他移动信息资源应用的市场竞争，也面临着自身趋同现象明显的境遇 [3]。

如何提升移动图书馆的服务质量，如何吸引用户的注意力，提高用户使用热情，就成为移动图书馆持续发展的关键难题。研究者们认识到，在经历过服务形式快速创新阶段后，移动图书馆服务必须从设备优先回归到用户优先上来，注重服务体验 [4] 将是移动图书馆发展建设中的重点，移动图书馆需要进入更加注重以先进技术为支撑，以用户需求为导向的服务质量优化的精细化服务阶段。

服务质量一直是图书馆服务管理研究的一个核心变量，自 R. H. Orr[5]（1973）首提图书馆服务的好坏可以从"质量"和"价值"两个方面来衡量开始，图书馆界对服务质量的研究从图书馆主导视角逐步转向以用户感知视角。LibQUAL、DigiQUAL 等评价模型成为用户驱动的图书馆服务质量改进的重要依据，也为移动图书馆服务质量研究提供了参考。但作为一种创新性的服务形式，用户使用移动设备访问或获取信息行为的方式不同于传统图书馆和桌面 PC 支持下的在线信息行为，相应的移动图书馆服务质量评价标准及改进策略都需要被系统地重新识别和构建。进一步从内容满足需求的程度、使用环境等多维视角全面探讨用户感知的移动图书馆服务质量评价模型及其提升策略，有利于图书馆找准移动图书馆服务质量改

① Mairn C. Three Things You Can Do Today to Get Your Library Ready for the Mobile Experience[J]. Reference Librarian, 2012, 53（3）:263-269.

② Peters T A, Bell L. The handheld library : mobile technology and the librarian[M]. Santa Barbara: Libraries Unlimited, 2013: ix-xxii.

③ 严浪 . 国内外图书馆 APP 移动服务比较分析及启示 [J]. 情报资料工作 , 2013, 34（6）: 85-88.

④ 姚飞, 姜爱蓉 . 移动图书馆：从设备到人——2014 年第 5 届国际移动图书馆会议综述 [J]. 现代图书情报技术 , 2015（1）:1-8.

⑤ Orr R H. Measuring the Goodness of Library Service: A general framework for considering quantitative Measures [J]. Journal of Documentation, 1973, 29（3）: 315-332.

进的着力点，提高服务水平，吸引用户使用移动图书馆，可避免图书馆在泛在信息环境下被"边缘化"的危险。

二、研究意义

早期的移动图书馆服务质量的研究主要集中在可用性评价方面，如R.W. Hegarty[1]（2011）针对 EBSCO 移动应用客户端开展了可用性评价，Wang Chun-Yi（2011）等人针对台湾东方技术学院图书馆（OIT）的 SMS 移动服务项目进行移动用户满意度评价，J. A. Rosario[2]（2012）、K. D. Pendell[3]（2012）对美国多个高校图书馆移动网站进行了可用性评价，陆续有研究者从某方面进行了研究。自2010年以来，从用户感知的视角研究服务质量持续成为研究热点，国家社科基金支持了多个相关研究项目，本项目是其中之一。本项目研究主要目的是：基于移动设备的使用特点，以用户感知为切入点，分析移动图书馆服务质量的影响因素，构建用户感知的移动图书馆服务质量的测评模型，使用项目研究所构建的测评模型进行移动图书馆服务质量感知差异调查与分析，进而构建移动图书馆服务质量优化的实施框架，并通过案例验证优化实施框架的有效性。

本项目的研究意义主要包括以下两个方面：①理论意义：项目研究成果中，用户感知的移动图书馆服务质量测评模型将丰富移动图书馆服务质量研究相关的理论；②现实意义：项目研究成果中关于移动图书馆服务质量优化的实施框架及其案例实现过程将有助于被移动图书馆服务平台借鉴，从而有助于提升移动图书馆的影响力，吸引用户持续使用，促进国内图书馆整体移动服务水平的提高。

① Hegarty R W J.Evaluating EBSCOhost mobile[J].Library HI TECH,2011,29（2）:320-333.

② Rosario J A, Ascher M T, Cunningham D J. A study in usability: redesigning a health sciences library's mobile site[J]. Medical Reference Services Quarterly, 2012, 31（1）:1-13.

③ Pendell K D, Bowman M S. Usability Study of a Library's Mobile Website: An Example from Portland State University[J]. Information Technology and Libraries, 2012, 31（2）: 45-62.

三、文献综述

（一）移动图书馆发展历程梳理

1992年苹果公司推出支持移动应用的PDA设备——Newton为移动信息服务带来了可能。根据叶莎莎等人[①]的归纳，1993年11月，美国南阿拉巴马大学图书馆（University of South Alabama Library）推出"无屋顶图书馆计划"（The Library Without a Roof Project），开启图书馆通过个人数字设备或掌上电脑（PDAs）提供联机公共查询目录（OPACs）服务的探索。相似的探索还有：2000年9月，日本富山大学图书馆（University of Toyama Library）提供支持I-MODE手机的I-Book Service服务，用户可以通过手机访问图书馆OPAC（书目查询系统）[②]。2001年5月，日本东京大学（the University of Tokyo Library）也启用了支持I-MODE手机的OPAC服务，并对手机图书馆服务进行了宣传与推广[③]。2001年7月，韩国西江大学（Sogang University）推出利用手机查阅馆藏借阅状态、个人借阅信息、位置查询、预约服务等。芬兰赫尔辛基技术大学（Helsinki University of Technology, HUT）在2001年11月正式推出SMS短信息服务，其他图书馆也相继跟进[④]。2003年之前，除了美国、芬兰、日本、韩国等国开始探索通过PDA提供图书资源下载和手机短信形式的服务方式之外，其他国家和地区也有不少学者关注和讨论移动图书馆的概念及其方式。例如，南

---

① 叶莎莎，杜杏叶. 国内外移动图书馆的应用发展综述 [J]. 图书情报工作，2013, 57（6）: 141-147.

② Negishi M. Mobile Access to Libraries: Librarians and Users Experiences for "i-mode" Applications in Libraries[EB/OL]. [2016-08-27]. http://files.eric.ed.gov/fulltext/ED472856.pdf.

③ 東京大学附属図書館. 携帯電話OPACサービス [EB/OL]. [2016-08-27]. http://www.dl.itc.u-tokyo.ac.jp/service/i-mode.html.

④ Pasanen I. Around the World to Helsinki University of Technology: New Library Services for Mobile Users[J]. Library Hi Tech News, 2002, 19（19）: 25-27.

非的 S.M. Mutula[①] 在 2002 年讨论了本地移动图书馆的发展理念，P. Haase[②] 设想了一种借助情境感知移动访问数字图书馆的系统。台湾地区学者 R.Y. Hwang[③] 则提出了一个移动导航系统的设计原型。学者朱海峰 2002 年提出"无线图书馆"[④] 概念，邓凯等人[⑤] 在 2002 年还提出了一个基于可扩展标记语言 XML 的移动数字图书服务体系结构。

2003 年以后，移动图书馆平台的服务形式从短信、彩信过渡到 WAP 网页，国内图书馆也将手机短信服务纳入图书馆服务实践，北京理工大学图书馆率先进行了尝试，2003 年底推出自行开发的手机短信息系统，首次实现了个人借阅通知的实时提醒[⑥]。一些代表性的图书馆如上海图书馆、清华大学图书馆、深圳图书馆纷纷加入移动信息服务行列[⑦⑧]，围绕图书馆手机短信服务模式[⑨] 和服务平台设计与实现[⑩⑪]、手机短信服务存在的问题及改进对策[⑫]、使用移动互联新技术（如二维码技术[⑬]、移动 IP 技术[⑭]、定位技

①　Mutula S M. The cellular phone economy in the SADC region: implications for libraries[J]. Online Information Review, 2002, 26（2）: 79-92.

②　Haase P. Situation Aware Mobile Access to Digital Libraries[EB/OL]. [2016-08-27]. http://ftp.cse.buffalo. edu/users/azhang/disc/springer/0558/papers/2287/22870772.pdf.

③　Hwang R Y. The Design and Implementation of Mobile Navigation System for the Digital Libraries[C]// International Conference on Information Visualisation. IEEE, 2002: 65-69.

④　朱海峰 . 数字化图书馆的发展——无线图书馆 [J]. 图书馆理论与实践 , 2002（6）: 14-15.

⑤　邓凯，吴家春，王洪伟 . 基于 XML 的移动数字图书服务体系结构研究 [J]. 情报学报 , 2002, 21（5）: 559-562.

⑥　崔宇红 . 基于手机短信平台的图书馆信息推送服务 [J]. 大学图书馆学报 , 2004, 22（4）: 67-68.

⑦　吴慰慈，谷秀洁，张久珍 . 2010 年图书馆学学术进展 [J]. 图书馆论坛 , 2011, 31（6）: 23-31.

⑧　深圳特区报 . 深圳图书馆短信服务系统投入使用 [EB/OL]. [2016-08-28]. http://www.nlc.gov.cn/ newtsgj/yjdt/2007n/3y/200703/t20070316_32467.htm.

⑨　贺伟，曹锦丹，刁云梅 . 移动终端在图书馆读者服务中的应用 [J]. 情报科学 , 2006, 24（5）: 767-771.

⑩　曹进军 . 基于 ISMG 的参考咨询平台设计与实现 [J]. 现代图书情报技术 , 2006（11）: 85-90.

⑪　王泽贤 . 手机短消息在图书馆的应用及其实现的关键技术 [J]. 现代情报 , 2004, 24（8）: 198-200.

⑫　沈海莹，陈晞 . 手机短信服务应用与服务对策 [J]. 图书馆杂志 , 2007, 26（4）: 42-43.

⑬　张燕蕾 . 二维码技术及其在数字图书馆中的应用探析 [J]. 现代情报 , 2007, 27（10）: 94-95.

⑭　祝忠明，唐润寰 . 移动 IP 协议及技术在数字图书馆中的应用研究 [J]. 现代图书情报技术 , 2004（12）: 10-13.

术①)等方面的研究工作日渐繁荣。基于移动图书馆的移动阅读也开始受到重视，例如，吴志攀②认为移动阅读将是未来图书馆读者的主要行为。陈晓美和关欣③提出手机图书馆在信息传播中的主要价值就是引导大众阅读。总体看来，这一阶段趋势正如聂华等人归纳的那样：移动图书馆服务表现出从"制作特定的内容以适合于手持终端"向"手持终端访问任何内容"转型④的趋势。

2009年以来，3G技术及智能手机的发展，使得手机图书馆突破了以前短信服务、WAP浏览及推送的简单服务方式。一些著名的信息服务商如EBSCO公司、北京书生公司、北京世纪超星公司都推出了自己的移动图书馆服务平台，并逐渐在很多图书馆进行推广使用，可支持用户通过手机阅读全文。基于Android系统和基于iPhone的APP上线也逐渐成为热潮。严浪⑤在2013年对比了国内外移动图书馆服务，受调查的45所国内高校图书馆有7所提供APP移动服务，占比15%；受调查的世界排名前30位的大学图书馆有20所开展了APP移动服务，占比67%。移动新技术和新服务也是这一段时期研究人员关注的热点。美国俄勒冈州立大学图书馆利用该馆历史图片收藏书籍库中的图片在2010年推出的基于手机GPS定位功能的导游服务。根据用户位置进行图书推荐的设想也被伊利诺伊大学的J. Hahn⑥所倡导。上海图书馆尝试将二维码技术应用于馆藏家谱内容的浏览，清华大学图书馆将二维码拓展应用到OPAC书目信息推送、读者手册

---

① Aittola M, Ryhänen T, Ojala T. SmartLibrary - Location-Aware Mobile Library Service[EB/OL]. [2016-08-29]. http://www.mediateam.oulu.fi/publications/pdf/442.pdf.

② 吴志攀. 移动阅读与图书馆的未来——"移动读者的图书馆" [J]. 大学图书馆学报, 2004（1）: 2-5.

③ 陈晓美, 关欣. 手机图书馆在信息传播中的价值 [J]. 情报科学, 2006, 24（11）: 1687-1690.

④ 聂华, 朱本军. 北京大学图书馆移动服务的探索与实践 [J]. 图书情报工作, 2013, 57（4）: 16-20.

⑤ 严浪. 国内外图书馆APP移动服务比较分析及启示 [J]. 情报资料工作, 2013, 34（6）: 85-88.

⑥ Hahn J. Location - based recommendation services in library book stacks[J]. Reference Services Review, 2011, 39（4）: 654-674.

获取等服务项目中①。韩玉巧等人②对京津冀地区28所高校图书馆移动信息服务调研发现，2012—2014年成为多个高校移动图书馆服务平台上线的集中时期。虽然移动图书馆建设如火如荼，但移动图书馆服务并没有像图书馆期待的那样成为主流习惯③，有些图书馆只开通了一段时期的移动图书馆服务之后，移动信息服务工作并未能被坚持下去④。重视用户，通过社会化和本地化工具把图书馆移动服务传递给用户⑤，在移动服务系统上线后应做好用户使用状态的跟踪研究⑥被讨论和分析。

2014年以来，除了馆藏查询、新书推荐和个人借阅信息服务之外，基于地理位置服务成为移动图书馆服务的重点发展方向，其核心是能对服务情境进行感知，将用户位置信息与图书馆信息资源内容主题相结合。美国加州的奥兰治郡公共图书馆（Orange County Library System）已部署了多Beacon设备向读者推送所关注图书主题的活动预告信息，日本名古屋大学中央图书馆也使用Beacon设备帮助读者进行馆藏定位，引导读者阅读和使用相关信息资源⑦。此外，微信的高使用人群及高用户黏性也催发了图书馆利用手机建设发展微信公众账号服务的热潮。这一阶段，移动图书馆服务已从概念变成现实。除图书馆本身自建移动图书馆服务平台外，更多的图书馆选用了由商业数据库服务商依托自身资源提供的移动图书馆服务。除面向用户的信息查询、信息推荐、位置服务外，重新审视移动信息服务的新方向，利用移动服务平台，以创新的思路设计图书馆一体化的服务，突破前期移动图书馆服务中已有的查询续借、预约、阅读等经典服务的局

① 张蓓，张成昱，姜爱蓉，等. 二维条码在移动图书馆服务拓展中的应用探索 [J]. 图书情报工作，2013, 57（4）: 21-24.

② 韩玉巧，王代礼，杨芹. 京津冀高校图书馆移动服务现状与发展策略 [J]. 国家图书馆学刊, 2016（1）: 52-58.

③ 聂华，朱本军. 北京大学图书馆移动服务的探索与实践 [J]. 图书情报工作, 2013, 57（4）: 16-20.

④ 陈群. 3G时代手机图书馆的现状及前景分析 [J]. 情报资料工作, 2011, 32（4）: 93-96.

⑤ 周慧. SoLoMo:3G时代移动图书馆建设推广新模式 [J]. 图书馆工作与研究, 2012（6）: 51-53.

⑥ 茆意宏. 我国图书馆移动信息服务的现状与发展对策 [J]. 大学图书馆学报, 2012, 30（2）: 35-41.

⑦ IThome. 日本产学合作：展开日本首例图书馆Beacon服务实验 [EB/OL]. [2016-09-03]. http://www.ithome.com.tw/news/90850.

限。为增强移动图书馆服务的持续吸引力，移动图书馆服务质量研究受到持续关注。

（二）移动图书馆服务质量的典型研究主题

用户是移动图书馆的使用者，是整个移动图书馆平台的服务对象，回顾既有的研究成果，可以归纳为以下几个方面。

1.移动图书馆服务质量内涵

从既有的成果看，工商管理学界学者关于服务质量的界定成为移动图书馆服务质量内涵界定的重要参考。例如，C. Gronroos[1] 认为服务质量是通过比较用户期望和实际感知来获得。R.C. Lewis 和 B.H. Booms[2] 将服务质量定义为"服务提供者所提供的服务与服务用户期望的服务一致性的程度"。A. Parasuraman 等[3] 将服务质量定义为用户对其所得到服务的感知与其期望的服务的差距。V.A. Zeithaml[4] 将顾客对服务卓越性或优越性的评价界定为服务质量。M.J. Bitner 和 A.R. Hubbert[5] 认为服务质量是顾客对机构及其服务的总体印象。J.J. Cronin 和 S.A. Taylor[6] 从期望变化的主观性怀疑期望衡量方法的合理性，提出总体服务质量可由用户的实际感知来测评。C. Lovelock 等人[7] 从用户体验的角度来界定服务质量，认为服务质量描述的是服务传递时用户的某种体验。

---

[1]　Gronroos C. A Service Quality Model and Its Marketing Implications[J]. European Journal of Marketing, 1982, 18（1）: 36-44.

[2]　Lewis R C, Booms B H. The marketing aspects of service quality[J]. Emerging perspectives on services marketing, 1983, 65（4）: 99-107.

[3]　Parasuraman A, Zeithaml V A, Berry L L. A conceptual model of service quality and its implications for future research[J]. Journal of Marketing, 1985, 49（4）: 41-50.

[4]　Zeithaml V A. Consumer perceptions of price, quality, and value: a means-end model and synthesis of evidence[J]. Journal of Marketing, 1988, 52（5）: 2-22.

[5]　Rust R T, Oliver R L. Service Quality: New Directions in Theory and Practice[M]. London: Sage Publications, 1994: 72-94.

[6]　Cronin J J, Taylor S A. Measuring Service Quality: A Reexamination and Extension[J]. Journal of Marketing, 1992, 56（3）: 55-68.

[7]　Lovelock C, Wright L. Principles of service marketing and management[M]. New Jersey: Prentice Hall, 1999: 30-45.

　　总的来看，大多数移动图书馆服务质量的定义主要参考了 C. Gronroos 的观点，从"用户感知"视角来界定服务质量，并认为其高低取决于用户期望与服务感知（服务体验）相比较的结果。例如，夏前龙等人[①] 将移动图书馆服务质量定义为用户对移动图书馆服务内容、服务平台、服务过程以及服务结果等方面的总体绩效的感知或判断。王晶晶[②] 则从用户满意的视角，将移动图书馆服务质量表示为用户对图书馆实际提供服务的可感知到的满意程度与期望图书馆提供的服务相比较后得出的匹配程度值，是用户接受服务的可感知的效果与其期望值比较的程度。

　　2. 移动图书馆用户需求和使用体验研究

　　用户需求分析既是移动图书馆服务平台功能实现的依据，也是移动图书馆服务质量优化的重要基础。J. Hey 和 J.S. Sandhu 等人[③] 在移动图书馆结构、功能的设计和开发前专门针对不同用户群（教师、学生、家长）调查了用户的意愿与需求。G. Parsons 等人[④] 选取一批受过高等教育的用户，调查其使用移动图书馆访问资源时的需求和态度，L. Paterson 等人[⑤] 基于用户使用移动图书馆的行为数据和评价数据进行移动图书馆系统的再优化。C. Plaice 等[⑥] 通过问卷调查证实了图书馆用户对移动资源服务需求的迫切性。在国内，王茜[⑦] 对清华大学无线移动数字图书馆的用户进行调查，建立了用户体验指标。周怡等人[⑧] 采用问卷调查法，研究了用户对于移动图

---

① 夏前龙，施国洪，张晓慧. 移动图书馆服务质量的内涵，结构及其测度 [J]. 图书情报知识 2015（1）：47-55.

② 王晶晶. 基于 CSI 的高校移动数字图书馆服务质量评价研究 [J]. 现代情报，2016, 36（8）：32-36.

③ Hey J, Sandhu JS, Newman C, etal. Designing mobile digital library services for per-engineering and technology literacy[J]. International Journal of Engineering Education, 2007, 23（3）：441-453.

④ Parsons G. Information provision for HE distance learners using mobile devices[J]. The Electronic Library, 2010, 28（2）：231-244.

⑤ Paterson L, Low B. Student attitudes towards mobile library services for smartphones[J]. Library Hi Tech, 2011, 29（3）：412-423.

⑥ Plaice C, Lloyd J, Shaw P. Supporting the library and information needs of UWE health and social care students on placement [J]. Health Information and Libraries Journal, 2017, 34（1）：32-44.

⑦ 王茜，张成昱. 清华大学无线移动数字图书馆用户体验调研 [J]. 大学图书馆学报，2010（5）：36-43.

⑧ 周怡，张敏，李莹. 复旦大学移动图书馆用户需求及体验的调查与分析 [J]. 上海高校图书情报工作研究，2012（2）：28-34.

书馆提供服务的认可程度。丁学淑和马如宇[①]针对现有移动服务的实用性进行了移动客户端的用户使用状况调查。茆意宏[②]对北京、上海、杭州等地的移动图书馆用户进行调查，总结用户所期望得到的服务模式和技术功能。姜晓艳[③]的调查表明了用户的关注重点是移动图书馆的资源建设与个性化服务。宋欣等[④]则将移动图书馆用户需求主要概括为服务内容与服务方式两个大的方面。常艳[⑤]调查后认为，我国移动图书馆建设中的用户需求满足状况仍然没有得到重视。叶莎莎等[⑥]通过研究发现，移动图书馆的用户需求具有马太效应、最小努力原则、罗宾汉效应和穆尔斯定律。另外有学者将其他学科的需求识别方法也引入到移动图书馆用户需求识别中来[⑦]。

3. 移动图书馆用户行为研究

由于移动图书馆的作用和效益，只有在用户广泛和深入使用中才能真正发挥。用户行为研究也是移动图书馆服务质量研究中的一个分支。T.T. Goh等[⑧]引入技术接受模型，并加入自我效能，调查用户对图书馆移动短信服务的使用意愿和感知情况。朱多刚[⑨]的研究表明，感知有用性直接影响移动图书馆使用行为意向。明均仁考察了感知愉悦性、感知风险、感知信任等影响因素对用户行为的影响[⑩]，王双[⑪]在借鉴技术接受模型（TAM）、

---

① 丁学淑，马如宇. 大学生的智能手机图书服务使用意愿调查 [J]. 图书馆建设，2012（4）：46-50.

② 茆意宏. 面向用户需求的图书馆移动信息服务 [J]. 中国图书馆学报，2012,38（1）：76-86.

③ 蒋晓艳. 以用户需求为导向的图书馆移动信息服务建设 [J]. 图书馆学刊，2013,35（10）：87-89.

④ 宋欣，金松根，孙常丽，等. 面向用户需求的移动图书馆功能 [J]. 中华医学图书情报杂志，2013,22（6）：43-45.

⑤ 常艳. 大数据时代我国移动图书馆建设问题分析 [J]. 情报探索，2014（7）：118-120.

⑥ 叶莎莎，杜杏叶. 移动图书馆用户需求理论研究 [J]. 图书情报工作，2014,58（8）：50-56.

⑦ 施国洪，张晓慧，夏前龙. 基于 QFD 的移动图书馆用户需求评估研究 [J]. 图书情报工作，2014（11）：46-51.

⑧ Goh T T, Liew C L. SMS-based library catalogue system: a preliminary investigation of user acceptance[J]. The Electronic Library, 2009, 27（3）：394-408.

⑨ 朱多刚. 高校学生使用移动图书馆的行为意向研究 [J]. 图书情报知识，2012（4）：75-80.

⑩ 明均仁，余世英，杨艳妮，等. 面向移动图书馆的技术接受模型构建 [J]. 情报资料工作，2014（5）：49-55.

⑪ 王双. 移动图书馆用户接受模型研究 [J]. 情报科学，2013（4）：39-44.

计划行为理论（TPB）的基础上，将感知娱乐、感知成本等两个内部变量和信息质量、社会影响、自我效能、便利条件等四个外部变量作为移动图书馆用户行为的影响因素。李晶和胡瑞[①]则增加了信息安全感知对移动图书馆使用意愿的影响分析。甘春梅[②]引入感知影响，对任务—技术匹配模型（TTF）进行扩展，分析移动图书馆的持续使用意愿。L. C. Huang 等人[③]通过对 TTF 模型的改造，研究发现了功能服务、移动性、便利性和搜索目标等影响了用户的沉浸体验、检索路径（sacnpath）和用户满意度。

李恩科等人[④]将技术接受模型（TAM）、统一理论（UTAUT）融合引入移动图书馆用户行为研究之中，范晓春[⑤]把"信息、信息人、信息环境"三个信息生态因子作为感知有用性和感知易用性的外部变量，构建移动图书馆用户使用行为意愿影响因素模型。刘岩芳和于婷[⑥]分析了移动服务用户的感知有用性、感知易用性、感知价值、网络外部性、感知乐趣、感知成本与使用行为之间的关联性。邓胜利[⑦]、赵杨和高婷[⑧]等人将信息系统成功模型（ISSM）中的信息质量、系统质量、服务质量作为影响期望确认的因素，分析其对移动图书馆用户行为的影响。Li Lirui 和邓仲华[⑨]采用系统动力学方法，识别出移动图书馆用户交互的三种类型：需求导向、探索导向和兴趣导向，并特别指出识别不同的用户类型，能够促进移动图书馆在

① 李晶, 胡瑞. 移动图书馆用户使用意愿的影响因素研究——信息安全感知的视角 [J]. 图书与情报, 2014（4）:99-104.

② 甘春梅. 移动图书馆持续使用意愿的实证分析 [J]. 图书馆论坛, 2016（1）:79-84.

③ Huang L C, Shiau W L, Lin Y H. What factors satisfy e-book store customers? Development of a model to evaluate e-book user behavior and satisfaction [J]. Internet Research, 2017, 27（3）: 563-585.

④ 李恩科, 许强, 郭路杰. 高校移动图书馆用户采纳意愿影响因素的实证研究 [J]. 图书馆论坛, 2016（1）:85-93.

⑤ 范晓春. 移动图书馆用户使用行为意愿影响因素实证研究——基于信息生态视角的分析 [J]. 图书馆学研究, 2015（14）:85-93.

⑥ 刘岩芳, 于婷. 用户接受图书馆移动服务的影响因素实证研究 [J]. 情报科学, 2016, 34（1）:110-114.

⑦ Zhao Y, Deng S, Zhou R. Understanding Mobile Library Apps Continuance Usage in China: A Theoretical Framework and Empirical Study[J]. Libri, 2015, 65（3）: 161-173.

⑧ 赵杨, 高婷. 移动图书馆 APP 用户持续使用影响因素实证研究 [J]. 情报科学, 2015（6）:95-100.

⑨ LI L R, Deng Z H. A System Dynamics Approach of Users' Dynamic Behavior for Mobile Services in Academic Library [J]. Libri, 2017, 67（3）: 165-177.

动态服务的过程中满足个性化和多样化的用户需求。

4. 移动图书馆服务的新技术应用研究

移动互联新技术的发展对于移动图书馆服务质量提升是一种福音。江波研究了射频识别技术（Radio Frequency Identification, RFID）[①]在移动图书馆服务中的应用。A. Walsh[②]、孙晓瑜[③]、张蓓[④]、杜志新[⑤]、R.A. Manso[⑥]研究了二维码技术在移动图书馆服务中的应用。J. Hahn[⑦]、付跃安[⑧]等人研究运用增强现实技术（Augmented Reality, AR）拓展移动设备的功能，提升移动图书馆服务水平。美国东卡罗来纳大学的乔伊纳图书馆（East Carolina University, J.Y. Joyner Library）开发出一个"Research Roadmap 研究路线图"移动 APP 来指导学校研究人员从学术构思到学术研究完成整个过程中的图书馆资源查找与发现[⑨]。J. Morawski 等[⑩]人基于移动 APP 平台，研究了使用模糊算法来进行图书馆资源推荐。为增强移动图书馆服务平台智能自适应用户的屏幕尺寸、屏幕定向等，响应式网页设计（Responsive

---

① 江波 . 移动图书馆架构下 RFID 的应用创新——西南政法大学图书馆 RFID 项目实践 [J]. 图书馆论坛，2015（4）：106-109.

② Walsh A. QR Codes-using mobile phones to deliver library instruction and help at the point of need[J]. Journal of information literacy, 2010, 4（1）：55-65.

③ 孙晓瑜，王荣宗 . 国外手机二维码技术在图书馆中的应用及启示 [J]. 图书馆学研究，2011（6）：23-25.

④ 张蓓，张成昱，姜爱蓉，等 . 二维条码在移动图书馆服务拓展中的应用探索 [J]. 图书情报工作，2013, 57（4）：21-24.

⑤ 杜志新，亢琦 . QR 码技术在移动图书馆营销中的应用及效用评估研究 [J]. 图书馆杂志，2013, 32（1）：56-60.

⑥ Manso R A, Machado M O. Information skills training through mobile devices: practical Applications of QR codes in academic libraries[J]. The Electronic Library, 2016, 34（1）：116-131.

⑦ Hahn J. Mobile augmented reality Applications for library services[J]. New library world, 2012, 113（9/10）：429-438.

⑧ 付跃安 . 移动增强现实（AR）技术在图书馆中应用前景分析 [J]. 中国图书馆学报，2013, 39（3）：34-39.

⑨ Library Development. The Research Roadmap[EB/OL]. [2016-09-03]. http://statelibrarync.org/ldblog/2014/06/18/check-first-class-lsta-innovation-grants/.

⑩ Morawski J, Stepan T, Dick S, et al.A Fuzzy Recommender System for Public Library Catalogs [J]. International Journal of Intelligent Systems, 2017, 32（10）：1062-1084.

web design, RWD）也受到了研究者们的强烈关注[①]，美国普林斯顿大学（Princeton University）、亚利桑那大学（The University of Arizona）、杨百翰大学（Brigham Young University）、伟谷州立大学（Grand Valley State University）和加拿大多伦多大学（University ofToronto）等高校图书馆都已将响应式网页设计技术具体应用于图书馆移动信息服务的网页设计[②③]。美国联机计算机图书馆中心（Online Computer Library Center, OCLC）的 WorldCat Discovery Services 服务也使用响应式网页设计理念[④]。

5. 移动图书馆服务质量评价指标研究

移动图书馆的信息质量和用户因素都影响用户的持续使用意愿[⑤]，而感知有用性、服务质量等因素都会影响用户使用移动图书馆的满意度[⑥]，因此，随着移动图书馆服务的迅猛发展，移动图书馆服务质量评价研究受到越来越多的重视。L.Paterson 等认为好的移动图书馆服务平台不仅有用，而且也应该易于使用[⑦]，明均仁等人[⑧]指出用户的感知与体验反馈直接决定了图书馆移动服务的实施效果与建设质量。

最初的评价指标首先聚焦于移动图书馆服务平台的可用性，彭晓东等

---

① 钟远薪. 响应式 WEB 设计：图书馆移动服务新方向 [J]. 图书馆论坛，2015（7）：93-97.

② Rennick B, Wang X, Zaugg H, et al. Smartphone Use on an Academic Library Website Featuring Responsive Web Design[EB/OL]. [2016-09-03]. https://www.ideals.illinois.edu/bitstream/handle/2142/73744/434_ready.pdf?sequence=2&isAllowed=y.

③ ACRL Research Planning and Review Committee. 2014 top ten trends in academic libraries[EB/OL]. [2016-08-22]. http://crln.acrl.org/content/75/6/294.full#ref-15.

④ Murphy B. OCLC introduces WorldCat Discovery Services[EB/OL]. [2016-09-10]. http://www.oclc.org/news/releases/2014/201403dublin.en.html.

⑤ 邓李君，杨文建. 大学生使用移动图书馆的行为持续性的影响因素分析及对策研究——基于扩展持续使用模型 [J]. 图书馆论坛，2014, 34（2）：63-68.

⑥ 陈明红，漆贤军，刘莹. 移动图书馆持续使用意向及习惯的调节作用 [J]. 情报科学，2016（6）：125-132.

⑦ Paterson L, Low B. Student attitudes towards mobile library services for smartphones[J]. Library Hi Tech, 2011, 29（3）：412-423.

⑧ 明均仁，余世英，杨艳妮，等. 面向移动图书馆的技术接受模型构建 [J]. 情报资料工作，2014（5）：49-55.

人[①]、施国洪和马怡萍[②]等学者将国际标准化组织ISO的有效性、效率和满意度三个指标列为移动图书馆网站的可用性评测指标，袁静和陆阳平[③]在ISO可用性评价指标的基础上，将易学性和服务效果增列为可用性评价指标。自本项目获批以来，除了移动图书馆可用性评价以外，逐步涌现了很多移动图书馆服务质量评价指标的研究成果，如M.T. Buhle[④]从用户愉悦度、参与度、接受度、保存率、任务完成度等方面进行移动图书馆服务质量评价指标设计。L.F. Motiwalla[⑤]使用SERVQUAL模型的五个维度并修改具体测评题项，从用户感知视角对基于感知定位的移动图书馆服务水平进行评价。我国学者严浪[⑥]采用模糊综合测评方法，从服务基础、资源、过程和效果来评价移动图书馆服务水平；王利君[⑦]直接对LIBQUAL进行修改，最终提出一个包含电子资源、终端设备、网络环境、馆员和服务效果的移动图书馆服务质量测评量表；赵杨[⑧]借鉴LIBQUAL和移动商务服务质量的有关研究，识别出移动图书馆服务质量的4个维度为服务环境、服务效果、交互性、信息控制；郑姗姗[⑨]以安徽省十所高校移动图书馆用户调研数据为基础，运用AHP层次分析法，开发了高校移动图书馆服务测评指标体系，一级指标有电子资源、服务内容、服务技术、馆员素质以及服务

---

① 彭晓东，程琴，魏群义. 移动图书馆WAP网站可用性研究——以重庆大学为例 [J]. 图书馆论坛，2016（9）：106-111.

② 施国洪，马怡萍. 移动图书馆可用性对用户感知服务质量的影响研究 [J]. 图书馆学研究, 2015（6）:46-52.

③ 袁静，陆阳平. 基于模糊综合评价法的移动图书馆可用性评价研究 [J]. 图书馆工作与研究, 2016（2）:35-40.

④ Buhle M T. Assessing the impact of new technology on internal operations[J]. Library Management, 2013, 31（6）: 466-475.

⑤ Motiwalla L F. Mobile learning: A framework and evaluation[J]. Computers & Education, 2007, 49（3）:581-596.

⑥ 严浪. 基于模糊综合评判的图书馆移动服务质量研究 [J]. 图书馆理论与实践,2014（3）:87-89.

⑦ 王利君. 基于LibQUAL+（TM）的高校移动图书馆服务质量评价研究 [D]. 南京：南京大学,2013.

⑧ 赵杨. 基于多维度多层次法的数字图书馆移动服务质量评价模型构建 [J]. 情报理论与实践,2012（4）:86-91.

⑨ 郑姗姗. 高校移动图书馆服务评价研究 [D]. 合肥：安徽大学,2014.

效果等；夏前龙等[①]则从信息质量、环境质量、交互质量和结果质量四个维度进行移动图书馆服务质量评价指标建构。武瑞原和许强[②]构建出包含环境质量、信息质量、交互质量、结果质量4个构成要素的高校移动图书馆服务质量评价模型。廖璠和许智敏[③]运用德尔菲法，基于LibQual[+]图书馆服务评价模型，构建出涵盖移动及网络环境、信息获取、服务效果3个范畴的高校移动图书馆服务质量评价指标体系。赵杨[④]针对移动服务的多维属性，提出通过用户对服务环境、服务交互性、信息控制和服务效果4个主维度的服务绩效感知进行评测。严浪[⑤]则从服务基础、服务资源、服务过程和服务效果4个方面评价移动图书馆的服务质量。此外，还涌现了与移动图书馆服务质量评价指标相近的满意度评价指标、用户体验评价指标等研究成果。

6. 移动图书馆服务质量控制研究

加强移动图书馆服务质量控制的重要性已得到了很多研究者和实践单位的共识。美国内华达大学雷诺分校（University of Nevada）的拉斯维加斯图书馆，在最新战略规划中强调评估和提升当前移动服务效果的必要性[⑥]。新媒体联盟地平线报告（2015图书馆版）[⑦]则把探寻提升移动图书馆服务水平和用户使用积极性识别为下一个阶段移动图书馆发展的关注点。基于

---

① 夏前龙,施国洪,张晓慧.移动图书馆服务质量的内涵,结构及其测度[J].图书情报知识2015(1):47-55.

② 武瑞原,许强.基于ANP-Fuzzy模型的高校移动图书馆服务质量评价研究[J].情报杂志,2016(5):155-160.

③ 廖璠,许智敏.基于LibQual+®构建高校移动图书馆服务质量评价指标体系——运用德尔菲法的调查分析[J].情报理论与实践,2015,38(3):59-62.

④ 赵杨.基于多维度多层次法的数字图书馆移动服务质量评价模型构建[J].情报理论与实践,2014,37(4):86-92.

⑤ 严浪.基于模糊综合评判的图书馆移动服务质量研究[J].图书馆理论与实践,2014(3):87-89.

⑥ UNLV library.UNLV libraries Strategic Plan July 2013-June 2015[EB/OL].[2016-09-10].https://www.⑫ibrary.unlv.edu/sites/default/files/documents/pages/strategicplan.pdf.

⑦ Johnson L, Adams B S, Estrada V, et al. NMC Horizon Report: 2015 Library Edition[EB/OL]. [2016-08-23]. http://cdn.nmc.org/media/2015-nmc-horizon-report-library-EN.pdf.

用户感知的移动图书馆服务质量监测[①]，以便发现不足，实施优化已得到认可。党永杰等人[②]提出一种基于层次向量空间模型的移动图书馆用户偏好识别模型以动态追踪用户的个性化需求，以便提升移动服务水平。梁晶等人[③]根据用户对移动图书馆 APP 项目测试及使用反馈，从界面优化、用户名密码登录流程、算法优化三个方面，对移动图书馆 APP 进行优化与改进。周升川[④]在对比了中外图书馆移动客户端服务的基础上，提出加强内容资源建设、关注不同用户群体需求的移动图书馆服务优化思路。

近年来也有不少成果分析用户在使用移动图书馆过程中的心理感受[⑤⑥]，将用户情感体验纳入移动图书馆服务质量控制中来，部分研究人员还通过对比国内外移动图书馆平台、具体平台的使用测试反馈以及移动图书馆个性化服务实现等方面讨论了移动图书馆服务质量优化的方向。而 S. J. Saravani 和 G.Haddow[⑦]则结合对图书馆馆员的访谈，强调了图书馆馆员在移动图书馆服务传递和服务质量优化中的作用

四、研究述评

根据前文的研究综述，我们可以看出，移动图书馆已经从推广接受阶段跨入到优化发展阶段。为了吸引用户和留住用户，研究者们从不同的视

① Buhle M T. Assessing the impact of new technology on internal operations[J]. Library Management, 2013, 31（6）: 466-475.

② 党永杰，郑世珏，明均仁. 多维视角下移动图书馆用户偏好模型构建研究 [J]. 情报理论与实践，2016, 39（1）:104-108.

③ 梁晶，明均仁，张俊. 基于 Android 的高校图书馆 APP 方案设计与优化 [J]. 图书馆工作与研究，2016（7）:59-63.

④ 周升川. 对国家图书馆移动终端应用的思考——基于中美图书馆 iPhone 客户端的功能对比 [J]. 图书馆工作与研究，2016（6）:43-47.

⑤ 赵杨. 数字图书馆移动服务交互质量控制机制研究——基于用户体验的视角 [J]. 情报杂志，2014（4）: 184-189.

⑥ 金小璞，毕新. 基于用户体验的移动图书馆服务质量影响因素分析 [J]. 情报理论与实践，2016, 39（6）: 99-103.

⑦ Saravani S J, Haddow G.A theory of mobile library service delivery [J]. Journal of Librarianship and Information Science, 2017, 49（2）: 131-143

角研究了移动图书馆的用户需求、技术实现、使用意愿、使用体验、使用行为，在移动图书馆服务质量评价和优化控制方面，在本课题项目研究同期，也逐步涌现了越来越多的研究成果。

从既有的移动图书馆服务质量评价研究来看，研究人员一方面关注移动图书馆平台的可用性测试和评价，以便找到移动图书馆服务质量存在的问题[①②③-④]，另一方面逐步强调以用户为中心，从用户感知的角度构建移动图书馆服务质量评价指标，但评价指标差异较大。受益于新技术的进步和用户认可程度的提高，移动图书馆服务质量的研究视角不断被拓展，从可用性研究到情感分析、从用户感知到用户体验，研究者们尝试提出一些改进方案，以增强用户使用移动图书馆服务的粘性。但从服务质量优化控制视角看，已有的研究多从用户期望认知差距的视角发现移动图书馆服务存在的问题，并提出了改进方向或建议，但改进建议仍偏向于宏观，并缺少有效的实证支持。因此有必要系统分析移动图书馆服务现状，结合用户体验理论，总结影响移动图书馆服务质量的影响因素，根据移动图书馆服务的新特性及用户需求和感知重新构建移动图书馆服务质量评价模型。考察移动图书馆服务质量与用户使用行为、服务质量与用户满意度之间的关系，厘清移动图书馆服务质量优化的具体环节和实施过程，找准有助于移动图书馆服务质量优化控制的着力点，把改进建议落到实处，从而真正实现移动图书馆服务质量和用户满意度的提高。

① 施国洪，马怡萍. 移动图书馆可用性对用户感知服务质量的影响研究 [J]. 图书馆学研究，2015(6)：46-52.

② Wang C Y, Ke H R, Lu W C. Design and performance evaluation of mobile web services in libraries: A case study of the Oriental Institute of Technology Library[J]. The Electronic Library, 2012, 30（1）: 33-50.

③ Hegarty R, Wusteman J. Evaluating EBSCOhost Mobile[J]. Library Hi Tech, 2011, 29（2）: 320–333.

④ Pendell K D, Bowman M S. Usability Study of a Library's Mobile Website: An Example from Portland State University[J]. Information Technology and Libraries, 2012, 31（2）: 45-62.

五、研究思路与研究方法

（一）研究思路

①在文献调查的基础上，系统梳理移动图书馆发展及服务质量研究的历程，结合用户调查和访谈，分析并识别移动图书馆服务质量的影响因素；

②在影响因素分析的基础上，结合专家咨询，构建移动图书馆服务质量测评的概念模型并编制测评量表，通过探索性分析和验证性分析进行多维多层的测评模型构建。测评模型的预研数据在南京地区获取，正式数据在全国范围内选择典型地区进行获取；

③使用所构建的移动图书馆服务质量测评模型进行评价实证，分析不同用户特征的用户感知质量差异。数据在全国多个城市的部分高校图书馆和公共图书馆的移动图书馆注册用户中获取；

④结合专家咨询，构建移动图书馆服务质量优化的实施框架及其提升策略，并给出具体的实施方案。联合国内典型的移动图书馆服务平台进行优化验证，并结合事后调查，进行实施方案的有效性评价。

（二）研究方法

1. 文献研究法

文献研究法作为一种最基本的方法，主要用于梳理移动图书馆发展及其服务质量研究的历程，总结移动图书馆服务质量的影响因素、移动图书馆服务质量测评指标等。

2. 用户调查法和专家访谈法相结合

用户需求主要通过用户问卷调查、体验调查和焦点小组访谈获取。专家意见通过专家访谈法获取。访谈法侧重用于移动图书馆服务质量概念模型构建、服务质量优化的实施框架构建、改进策略设计。问卷调查主要用于用户需求分析、测评量表的探索性分析和验证性分析、测评模型的应用实证。

3. 应用统计分析与结构方程模型

使用问卷调查数据，借助 SPSS、AMOS 软件，采用因素分析法、方差分析法、结构方程、多元回归分析等方法进行移动服务质量的测评量表开发及多维多层评价模型构建、移动图书馆服务质量感知差异性分析、移动图书馆服务质量感知与用户持续使用意愿、用户满意度的影响模型验证等。

4. 系统性分析与案例研究法相结合

使用系统性分析方法，构建移动图书馆服务质量优化的实施框架，选取国内典型的移动图书馆服务平台进行移动图书馆服务质量优化实施方案的具体应用，并通过改进后的调查验证实施框架的有效性。

第二章 移动图书馆服务质量的影响因素分析

图书馆移动服务模式的出现，掀起了图书馆界对移动图书馆服务质量的研究热潮。移动图书馆服务质量的影响因素分析是移动图书馆服务质量测评模型构建的重要基础，也是移动图书馆服务质量优化控制的重要依托。

一、移动图书馆服务源起与服务质量

（一）移动图书馆内涵

移动图书馆（Mobile Library）的概念源于图书馆对流动服务的探索，"流动图书馆"也是"Mobile Library"的较早译称。19世纪末20世纪初，英国、美国先后出现图书馆使用马和骡子驮着装在木箱子里的书，到农村地区去提供借阅服务[①]。1949年，The Country Libraries Group of the Library Association 就将 Mobile Library 定义为"一种经过设计、配备和运营的车辆，提供比图书馆分馆的服务范围更广、更经济可行的服务"[②]，因此也称为 Book-cars、Bookmobile、Bibliobus、Bucherbus 等。随着无线通信技术的发展，1993年11月，美国南阿拉巴马大学图书馆（University of South Alabama Library）在 AT&T、BellSouth Cellular 和 Notable Technologies 的资

---

① Bikos G, Papadimitriou P. Mobile Libraries in Greece: Historical Perspectives and the State of the Art[J]. Procedia-Social and Behavioral Sciences, 2014, 147（10）:376–382.

② Want P. The history and development of mobile libraries [J]. Library Management, 1990, 11（2）:5-14.

助下推出"无屋顶图书馆计划"（The Library Without a Roof Project），这是图书馆第一次系统探索通过个人数字设备或掌上电脑访问联机公共查询目录（OPACs）、商业在线数据库①。自此图书馆掀开了通过随身携带的移动设备使用图书馆资源和服务的新篇章。伴随着移动设备从早期的 PDA 向手机、智能手机、平板电脑的不断演化。

国内对移动图书馆服务的探索可追溯至朱海峰所提出的"无线图书馆（WirelessLibrary）"概念，指"用户使用便携式终端设备，以微波、无线电等接入方式获取所需文献信息的数字化图书馆②。"黄群庆③认为移动图书馆服务是指"移动用户通过移动终端设备（如手机、PDA）等，以无线接入方式接受图书馆提供的服务"。根据依托的移动终端设备，其他类似概念还有"掌上图书馆"④和"手机图书馆"⑤等术语。江波和覃燕梅⑥通过比较分析，认为掌上图书馆的外延最大，移动图书馆次之，手机图书馆最小。从2007年到2014年，国际移动图书馆会议（The International M-libraries Conference）已成功举办5届会议，"M-Libraries"这一术语得到了国际移动图书馆建设和研究相关人员的广泛认可。相比较于"掌上图书馆""手机图书馆"等明显强调具体移动终端设备的术语来看，"移动图书馆"不仅表明所依托的设备是便携的，还可以反映出用户在获取信息资源与服务时是可以移动的，较好体现了"用户在哪里，图书馆的服务就在哪里"的服务目标。

在"移动图书馆"的概念内涵上，需要突破从移动设备的角度进行定义的局限。茆意宏⑦认为移动信息服务涉及服务者、用户、服务内容、服

---

① Gessler S, Kotulla A. PDAs as mobile WWW browsers[J]. Computer Networks & ISDN Systems, 1995, 28（1/2）: 53-59.

② 朱海峰. 数字化图书馆的发展——无线图书馆 [J]. 图书馆理论与实践, 2002（6）: 14-15.

③ 黄群庆. 崭露头角的移动图书馆服务 [J]. 图书情报知识, 2004（5）: 48-49.

④ 张曾昱, 刘洪志. 基于3G 网络和智能手机的掌上图书馆建设探讨 [J]. 图书馆建设, 2009（5）: 49-51.

⑤ 茆意宏, 吴政, 黄水清. 手机图书馆的兴起与发展 [J]. 大学图书馆学报, 2008, 26（1）: 3-6.

⑥ 江波, 覃燕梅. 掌上图书馆、手机图书馆与移动图书馆比较分析 [J]. 图书馆论坛, 2012, 32（1）: 69-71.

⑦ 茆意宏. 移动信息服务的内涵与模式 [J]. 情报科学, 2012（2）: 210-215.

务系统、服务方法和服务策略等多个要素。而施国洪等人[1]则将移动图书馆涉及的对象要素表述为移动设备、系统平台、移动馆员和移动用户。综合来看，移动图书馆的系统平台实现移动信息服务的核心要素。因此，本项目研究认为移动图书馆实质上是一种利用不断发展的移动信息技术所构建出的新型图书馆信息服务系统平台，支持用户通过不同形态的移动设备随时随地获取该系统平台中相应的图书馆资源和服务，从而提高生活、学习、工作效率。

（二）移动图书馆服务质量初步分析

作为服务质量研究先驱，C. Gronroos[2] 从用户需求及用户利益满足角度，第一次采用"感知"来界定服务质量，即服务质量通过比较用户期望和实际感知来获得，与产品质量不同，感知服务质量是一种主观性概念。该开创性的概念得到了很多学者的认可。例如，R.C. Lewis 和 B.H. Booms[3]将服务质量定义为"服务提供者所提供的服务与服务用户所期望的服务一致性的程度"。著名研究团队 PZB 组合[4] 将服务质量定义为用户对其所得到服务的感知与其期望的服务的差距。V.A. Zeithaml[5] 将用户对服务卓越性或优越性的评价界定为服务质量，由用户来评估。而 M.J. Bitner 和 A.R. Hubbert[6] 认为服务质量是顾客对机构及其服务的总体印象。C. Lovelock 等

① 施国洪, 夏前龙. 移动图书馆研究回顾与展望 [J]. 中国图书馆学报, 2014, 40（2）: 78-91.

② Gronroos C. A Service Quality Model and Its Marketing Implications [J]. European Journal of Marketing, 1982, 18（1）: 36-44.

③ Lewis R C, Booms B H. The marketing aspects of service quality[J]. Emerging perspectives on services marketing, 1983, 65（4）: 99-107.

④ Parasuramn A, Zeithaml V A, Berry L L. A conceptual model of service quality and its implications for future research[J]. Journal of Marketing, 1985, 49（4）: 41-50.

⑤ Zeithaml V A. Consumer perceptions of price, quality, and value: A means-end model and synthesis of evidence [J]. Journal of Marketing, 1988, 52（3）:2-22.

⑥ Bitner M J, Hubbert A R. Encounter satisfaction versus overall satisfaction versus quality [J].Service Quality: New Directions in Theory and Practice, 1994:72-94.

人[①]从用户体验的角度来界定服务质量。总体来说，工商管理学界的服务质量定义对图书馆学界产生了重要的影响，图书馆界著名的 LIBQUAL 服务质量评价模型就是继承并适当改良了 PZB 组合所提出的服务质量差距理论思想及其 SERVQUAL 评价模型。图书馆对工商管理学界在服务质量的内涵界定上的继承在很多图书馆的新型态上得到了继承，如复合图书馆的服务质量、数字图书馆的服务质量等。

伴随 WEB 技术和移动信息技术的发展，脱离于最初的"汽车图书馆"应用雏形，移动图书馆的概念逐渐清晰，移动图书馆是将移动信息技术引入到图书馆服务中的新型图书馆服务形式，移动图书馆服务质量仍可借鉴 C. Gronroos[②] 的理解，即服务质量不仅包含用户从服务中实际得到的东西，也包含服务传递给用户的方式，基于用户的感知视角有助于衡量服务质量，同时，借用 C. Lovelock 等人[③] 的思路，移动图书馆服务质量描述的是移动信息服务传递时用户的某种体验。

因此，本研究将从用户认知视角和用户体验视角进行移动图书馆服务调查，以分析移动图书馆服务质量的因素。

二、移动图书馆服务现状的用户认知调查

（一）调研概况

本次调研采用问卷调查的方式，以高校图书馆用户为主要调研对象，来获取用户访问移动图书馆的主要目的、用户对移动图书馆提供的服务项目的认可程度、用户对移动图书馆平台的偏好以及存在不满的原因。其

---

① Lovelock C, Wright L. Principles of service marketing and management [M]. Upper Saddle River: Prentice Hall, 2001: 30-45.

② Gronroos C. A Service Quality Model and Its Marketing Implications[J]. European Journal of Marketing,1982, 18（1）: 36-44.

③ Lovelock C, Wright L. Principles of service marketing and management [M]. Upper Saddle River: Prentice Hall, 2001: 30-45.

中，用户对移动图书馆服务项目的认可程度、用户对移动图书馆资源类型的偏好采用李克特5分量表，1分表示很不重要或者很不喜欢，5分表示很重要或者很喜欢。

从2013年5月到7月通过 Word 版问卷和在线问卷两种方式，共计发放问卷600份，实际回收517份，其中有效问卷482份。问卷的涉及地理范围涵盖了北京、上海、江苏、浙江、广东、湖北、山东、河南、河北、陕西、黑龙江、辽宁、吉林、重庆、四川、贵州16个省份和自治区的高校，保证我国东部、中部、西部高校都有调查数据，学校层次既有211以上重点高校，也有非211本科院校，同时也有少数高职院校。其中在北京、上海、广州、重庆等地的样本量约占总数的一半，其他地区约占另一半。本次调研使用 Excel 和 SPSS20.0 统计软件进行统计分析。

482位调查对象中，男性比例为44.6%，女性比例为55.4%。其中学生对象441人，占比91%（研究生182人，本科生259人），其他调研对象为教师用户。

在个人拥有的手持移动设备上，有415位拥有智能手机，拥有率为86%；有100位拥有 ipad 之类的平板电脑，拥有率为20.7%；有78位拥有 kindle 等专业电子书阅读器或者 MP5、MP4之类同样可以进行电子书阅读的移动设备，拥有率为16.2%。而不能上网的普通手机只有9人拥有，占有率不足2%。

在使用移动设备每天访问互联网上平均花费的时间方面，多数集中在"1—2小时""2—3小时"和"3小时以上"这三个部分，所占比例达到84%。

（二）数据调查结果

1. 关于用户访问移动图书馆的主要目的

用户访问移动图书馆的主要目的，排在前四位的是：查询或下载图书馆电子资源、查询借阅情况、办理借还服务、进行移动阅读。有16人表示是因为好奇，目的是了解一下移动图书馆能有什么作用。此外，有126人表示没有访问过移动图书馆，占到总人数的24%。根据该项调查结果，我们可以认为获取信息资源服务仍是移动图书馆最核心的期望。

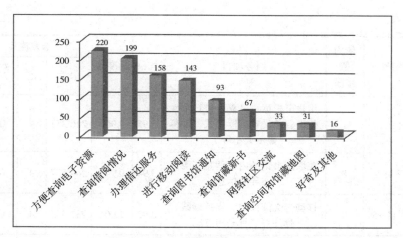

250
220
199
158 143
93
67
33 31
16

方便查询电子资源　查询借阅情况　办理借还服务　进行移动阅读　查询图书馆通知　查询馆藏新书　网络社区交流　查询空间和馆藏地图　好奇及其他

图2-1　访问移动图书馆的主要目的

2. 用户对移动图书馆服务项目的认识

（1）移动图书馆服务项目重要性的总体分析

本次调研结合对国内外移动图书馆平台针对用户开展的服务项目分析，将移动图书馆提供的服务项目汇总为23个。各个服务项目的重要性依均值排序，调查结果如表2-1所示。

表2-1　依均值排序的服务项目重要性统计对比

调查编号	依均值排序	服务项目	均值	标准差	卡方检验		
					卡方	df	渐近显著性
服务项目1	1	获取图书馆消息通知（借阅到期、超期催还、讲座活动、新书通报等）	4.38	0.754	309.203	3	0.000
服务项目2	2	个人借阅情况查询和续借	4.32	0.853	452.917	4	0.000
服务项目13	3	提供电子资源检索和全文阅读服务	4.31	0.815	444.017	4	0.000
服务项目12	4	提供馆藏书目查询	4.29	0.852	437.191	4	0.000
服务项目16	5	可获取高校相关教学信息（如选课、考试、课程教学信息）	4.07	0.941	289.473	4	0.000
服务项目18	6	允许用户个性化定制、查询和收藏自己感兴趣的信息资源	3.98	0.949	270.552	4	0.000

续表

调查编号	依均值排序	服务项目	均值	标准差	卡方检验		
					卡方	df	渐近显著性
服务项目19	7	用户可根据自己喜好进行个性化设置（设置阅读模式、屏幕显示大小等）	3.95	0.962	246.257	4	0.000
服务项目6	8	获取图书馆的内部信息资源分布导航信息	3.94	0.943	264.577	4	0.000
服务项目15	9	移动全文阅读时，支持画线、标注等多种利用方式	3.92	1.001	231.382	4	0.000
服务项目7	10	查询图书馆座位空闲情况	3.91	1.032	211.133	4	0.000
服务项目14	11	提供信息资源全文收听、收看服务	3.88	0.965	225.490	4	0.000
服务项目10	12	获取与利用图书馆有关培训音频或视频资源	3.74	0.998	187.149	4	0.000
服务项目22	13	允许查询用户对图书馆资源搜索利用的排行榜信息	3.73	0.945	198.768	4	0.000
服务项目20	14	允许用户根据自己的爱好选择详简不同的检索结果显示界面	3.73	0.973	236.320	4	0.000
服务项目21	15	允许用户根据自己的水平层次选择详简不同的检索界面	3.72	0.957	217.564	4	0.000
服务项目17	16	移动阅读后支持发表阅读评论	3.71	0.953	244.826	4	0.000
服务项目24	17	针对检索结果允许用户根据自己移动设备的大小选择单页显示或多页显示方式	3.69	1.023	175.573	4	0.000
服务项目3	18	允许读者向图书馆荐购信息资源	3.66	1.04	182.544	4	0.000
服务项目11	19	通过特定平台或通信软件即时咨询图书馆员	3.65	1.037	171.589	4	0.000
服务项目4	20	查询图书馆的地理分布（位置、交通）	3.62	1.079	150.137	4	0.000
服务项目9	21	获得移动图书馆使用帮助	3.54	1.044	160.946	4	0.000

续表

调查编号	依均值排序	服务项目	均值	标准差	卡方检验		
					卡方	df	渐近显著性
服务项目8	22	访问图书馆设置的读者网络社区，与其他读者开展交流	3.34	1.016	188.000	4	0.000
服务项目5	23	查询图书馆周边服务信息	3.32	1.082	135.137	4	0.000

从表2-1中可以看出，23个题项的均值都高于3，说明用户对现有的23项移动图书馆服务项目整体上都是认可的，也认为是比较重要的。

从均值看，被用户认为最重要的服务项目都是功能实用的服务项目和重视个性化服务的项目。排在前五位的比较重要的服务项目依次是：获取图书馆消息通知（如借阅到期提醒、超期催还提醒、讲座活动、新书通报等）；提供个人借阅情况查询和续借；提供电子资源检索和全文阅读服务；提供馆藏书目查询；获取高校相关教学信息（如选课、考试、课程教学信息）。与图2-1结果对比，我们认为"获取图书馆消息通知"属于移动图书馆最早的服务项目，也是最成熟的项目，而且它与移动设备的使用特点较吻合，因此在现实中，该服务项目重要性位列榜首，而图2-1中"方便查询电子资源"将是读者的长远需求和根本需求。

相对来说，服务项目重要性稍低的项目有：在移动图书馆平台开设读者网络交流社区；允许查询图书馆周边服务信息等。

标准差的大小显示的是用户在服务项目看法上的差异。从标准差来看，用户对服务项目重要性认识差异较大的前三项分别是：查询图书馆周边服务信息；查询图书馆的地理分布（位置、交通）；读者向图书馆荐购信息资源。

卡方检验有助于分析用户对移动图书馆服务项目重要性的态度上是否有一定的偏好。从卡方检验结果看，23个服务项目的渐进显著性的 p 值都等于0.000，小于0.05，达到显著水平，表示用户对移动图书馆23个服务项目重要性的不同态度上有显著差异。从具体项目的观察数与期望数的对比上看，用户的态度偏向于"一般""喜欢"和"非常喜欢"这三种。

（2）用户分类对移动图书馆服务项目重要性认识的影响

不同用户群对移动图书馆的服务项目认知会存在差异，本文用独立样本 t 检验考察了不同性别、不同学历以及有无移动图书馆访问经历三种群体的用户对移动图书馆服务项目的重要性评价是否有显著不同。

第一，从性别上看：

针对表2-1中23个服务项目，女性打分普遍高于男性。女性打分最高的是"获取高校相关教学信息（如选课、考试、课程教学信息）"，而男性与女性认知差距最大的服务项目是"允许用户个性化定制、查询和收藏自己感兴趣的信息资源"这一服务项目。

独立样本 t 检验采用 Levene 检验法来检验两组的方差是否相等，若 F 统计量达到显著水平，采用"不假设方差相等"栏的 t 值，反之，则采用"假设方差相等"栏的 t 值，然后检验其显著性是否小于0.05，决定是否显著。根据独立样本 t 检验结果，在表1所涉及的服务项目2、6、7、10、12、13.14、15、16、18这十个服务项目上女性用户的重要性均值显著地高于男性。

第二，从学历上看：

本科生对表2-1中23个服务项目的重要性打分相对统一，而研究生对各个服务项目的重要性打分的差异则比较明显，在"提供馆藏书目查询"服务项目上，研究生打分的平均值高于本科生。而本科生与研究生打分差异最大的是"允许读者向图书馆荐购信息资源"这一服务项目，这可能与研究生的信息资源需求方向比较明确有关。根据独立样本 t 检验显示，研究生在表1中所涉及的服务项目2、12、13这三个服务项目上的重要性均值显著高于本科生，而本科生则在服务项目4、9、16、19、23这五个服务项目上显著高于研究生。

第三，从有无移动图书馆访问经历看：

没有移动图书馆访问经历的用户平均打分普遍低于有过移动图书馆访问经历的用户。没有移动图书馆访问经历的用户打分最低的是"查询图书馆周边服务信息"和"访问图书馆设置的读者网络社区与其他读者开展交流"。同时,没有移动图书馆访问经历的用户与有过移动图书馆访问经历的用户打分差异最大的服务项目是"允许用户根据自己的层次选择详简不同的检索界面"。根据独立性 t 检验可以看出,针对表2-1中所涉及的服务项目中,访问过移动图书馆的用户在服务项目 3.5、10、17、21、22、23 等八个服务项目上的重要性均值显著高于没有访问经历的用户。

(3)用户访问移动图书馆方式的偏好

目前,用户访问移动图书馆主要是通过浏览器访问移动图书馆 WAP 站点、WEB 站点以及下载客户端这三种访问方式。除去126名没有移动图书馆访问经历的用户外,其他用户访问图书馆的方式偏好比例如图2-2所示(以有过移动图书馆访问经历的用户总数356为分母)。

从性别视角看,在没有移动图书馆访问经历的用户中,男性用户与女性用户在具体比例上基本相当。在有过移动图书馆访问经历的用户中,表现出明显差异的是在"客户端访问"差异上,41.57% 比例的用户中,女性占比例25.84%,男性占比例15.73%,女性比例明显高于男性。

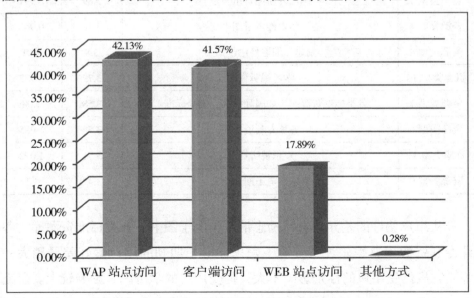

图2-2 用户访问移动图书馆方式的偏好

从学历上看,本科生更加偏爱于通过浏览器访问移动图书馆 WEB 站点，而研究生则偏爱于下载客户端来访问移动图书馆。

（4）用户对移动图书馆资源类型的偏好

本次调研将移动图书馆资源类型划分为普通电子型资源和视听型电子资源，每一种资源又大体进行了学术性资源和非学术性（含娱乐性资源）的区分。表2-2列出了用户对移动图书馆不同类型资源的偏好排序（依均值排序）。

从表2-2看，最为用户偏爱的仍然是学术型电子期刊全文资源和学位论文资源。而用户对通过移动图书馆阅读娱乐性电子期刊全文的期望目前相对比较低。

表 2-2　用户对移动图书馆信息资源偏好统计表

调查编号	信息资源类型	均值	标准差
资源类型 3	学术电子期刊全文	4.01	0.993
资源类型 5	学位论文资源	4	0.965
资源类型 2	热门书刊目录信息	3.93	0.945
资源类型 1	国内外新闻资讯报道	3.89	0.997
资源类型 4	学术性电子图书	3.88	0.943
资源类型 8	励志、消遣性电子图书	3.8	1.01
资源类型 10	学术视听资源	3.79	0.972
资源类型 7	各类标准资源库（如国际标准、国家标准）	3.58	1.08
资源类型 6	各种专利资源库	3.54	1.085
资源类型 11	娱乐视听资源	3.51	1.072
资源类型 9	娱乐性电子期刊全文	3.42	1.1

从用户偏好的差异性看，励志消遣类电子图书、各类标准资源库、各种专利资源库、娱乐视听资源、娱乐性电子期刊的用户偏好差异稍大一些，它虽然受用户的性别影响不大，但受用户的学历因素影响较大。研究生对学术电子期刊全文、学术性电子图书和学位论文资源平均偏好值高于本科生。

在信息资源的形式方面，摘要型资源（占比36%）、全文型资源（占比34%）、目录型资源（占比30%）成降序排列，综合全体用户来看，全文型资源（特别是学术型资源）并没有成为用户的首选。但如果从学历层次上分析，研究生更加偏爱于全文型信息资源。而本科生则比较偏爱短小的信息资源类型，如目录型和摘要型信息资源。

（5）用户对移动图书馆平台特征的偏好

在用户对移动图书馆平台风格的偏好上，简约是用户选择最多的风格，达到310人，所占比例达到64%。而文艺和古典也是用户选择较多的平台风格，两者加起来有113人，合计所占比例为23%。

在色彩搭配方面，有378位用户填写了他们心目中的色彩组配，有161人的色彩组配里包含蓝色，占到43%，其中蓝白组配的为79份，比例达21%。认为应该以绿色为主的有48位用户，比例达13%，黑白色组配、暖色系、冷色系、清新也是用户提及次数较多的描述。

在显示方式的个性化定制方面，"允许用户自己定制检索结果显示方式"获得了多数用户的偏爱。从性别上看，男性的偏好不明显，多数男性选择了"依系统自定"或"无所谓"，而女性用户则更偏爱"允许用户自己定制检索结果显示方式"。

（6）易引发用户不满的因素

本次调研总结了引起用户对移动图书馆不满意的12项因素，并设置了一道开放性问题，供用户自行填写。调查结果如图2-3所示。

从图2-3看，易引发用户不满的主要影响因素中，排在前三位的是：①信息资源不够新，比不上互联网上的信息；②移动设备有局限性，只能进行碎片化阅读，移动图书馆平台中的资源只是桌面电脑的简单转移，不够短小精悍；③现有服务平台的检索便利性远不如桌面电脑。

其他涉及相对比较重要的影响因素有：数据流量问题、与用户需求相一致的信息资源建设问题、个人隐私保护问题等。

由用户自行填写的不满问题是关于资源下载方面的问题。有用户反映：使用移动图书馆下载资源时，多次在资源下载到99%后就无法继续下载，这让用户感到很受伤。

不同性别、不同学历用户的不满意因素会有所差别，具体如表2-3所示。

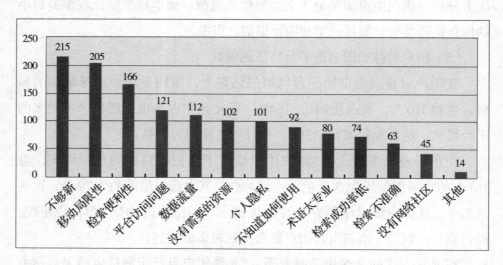

图2-3　易引发用户不满的主要影响因素

表2-3　不同性别用户对引发不满因素的排序

男性用户的排序	女性用户的排序	研究生的排序	本科生的排序
信息资源不够新	信息资源不够新	移动阅读局限性	信息资源不够新
移动阅读局限性	移动阅读局限性	信息资源不够新	移动阅读局限性
检索便利性比 PC 低	检索便利性比 PC 低	检索便利性比 PC 低	检索便利性比 PC 低
平台访问速度和稳定性	数据流量耗费大	没有需要的资源	个人隐私保护
没有需要的资源	平台访问速度和稳定性	数据流量耗费大	平台访问速度和稳定性
个人隐私保护	没有需要的资源	平台访问速度和稳定性	术语太专业
数据流量耗费大	个人隐私保护	个人隐私保护	不知道如何使用
术语太专业	不知道如何使用	不知道如何使用	数据流量耗费大
不知道如何使用	术语太专业	检索成功率低	检索成功率低
检索成功率低	检索成功率低	检索不准确	没有需要的资源

男性用户的排序	女性用户的排序	研究生的排序	本科生的排序
检索不准确	检索不准确	没有阅读交流社区	检索不准确
没有阅读交流社区	没有阅读交流社区	术语太专业	没有阅读交流社区

从性别上看，男女用户对易引发不满意的因素排序大体相同，但女性对数据流量的耗费比较敏感。从学历上看，研究生和本科生对引发移动图书馆不满意的因素排序差异较大，差异较大的因素主要有：①信息资源不够新，比不上互联网上的信息；②不知道如何使用，又不知如何获取帮助；③系统平台所用术语比较专业，不容易理解；④害怕个人隐私信息得不到保护。

三、移动图书馆服务质量的用户体验实验研究

（一）用户体验实验与认知调查的差异

根据 C.Gronroos（1982）界定，服务或多或少是一种主观体验过程[1]。2002年，C.Gronroos 又进一步解释：顾客接受服务的方式及其在服务生产和服务消费过程中的体验，都会对顾客所感知的服务质量产生影响[2]。因此"用户体验"成为用户感知服务质量的重要支撑点。L.Alben（1996）[3]认为用户体验涵盖用户与产品交互的各个方面，包括用户感受、对产品的理解、目标完成程度以及产品与使用环境的适应性。J.J. Garrett（2008）[4]也认为用户体验并不是指一件产品本身是如何工作的，而是指产品如何与

---

[1]　Gronroos C. An Applied Service Marketing Theory[J]. European Journal of Marketing, 1982, 16（7）:30-43.

[2]　Gronroos C. 服务管理与营销：基于顾客关系的管理策略 [M]. 韩经纶，等译. 北京：电子工业出版社，2002：46.

[3]　Alben L. Quality of Experience[J]. Interactions, 1996, 3（3）：11-15.

[4]　Garrett J J. 用户体验的要素——以用户为中心的 WEB 设计 [M]. 范晓燕，译. 北京：机械工业出版社，2007:4.

外界发生联系并发挥作用的，也就是人们如何"接触"和"使用"它，以及在使用这个产品时的全部体验。

尽管用户体验具有主观性，但是对于一个界定明确的群体而言，其用户体验的共性是可以经过良好的设计实验来认识的。

（二）用户体验的实验设计

1. 实验目标

测试同一移动图书馆服务平台的用户体验差异。

2. 测试任务

为达到测试的目的，测试任务的选取应该兼顾到移动图书馆平台服务的每一个部分，因此面向可以使用的统一的移动图书馆平台，选取以下任务让用户完成：

①查询特定主题的纸本图书数量、特定作者的纸本馆藏信息、个人的图书借阅信息；

②查询特定名称的电子图书，下载到电子书架，并使用移动终端阅读、标注、发表评论，并与微博等平台进行分享操作；

③检索特定学者的特定论文，在平台中对该期刊论文进行申请"文献传递"，阅读该文，并进行标注、撤销等操作；

④试听"有声读物"模块、查看"视频"模块，选择特定内容进行视听阅读。

3. 测试时间和方式

2014年5月，借助笔者所在高校图书馆读书月活动，课题组通过有奖方式，从已注册成为学校移动图书馆用户中有奖征集30位测试对象，既有本科生，又有研究生，还有2名教师。用户使用自带的智能手机，从本校图书馆主页下载并安装移动图书馆客户端（如果移动设备不支持客户端，则访问移动图书馆WAP版）后参加测试。每位用户执行测试任务，测试时间1小时左右。

完成测试任务后，用户共同讨论用户体验的关注重点，制作成问卷并由用户填写。问卷主要包括三个部分：一是个人信息及使用移动图书馆平台的基本情况，二是用户对本校图书馆移动图书馆平台的初始界面、查询借阅、多媒体资源、学术资源、阅读体验、总体感受的体验评价，三是观测用户体验的具体题项进行打分。用户打分采用李克特7级量表，1分代表完全不同意，7分代表完全同意。

4. 测试对象分层依据

用户对移动图书馆平台使用时间的长短会影响用户的使用经验，涉及对平台的功能认知、操作熟练程度及问题感知。因此课题组通过统计移动图书馆平台的后台数据，根据用户注册之后使用移动图书馆平台服务是否超过2次，且注册后持续使用时间是否达到一个月作为分界标准，把测试用户分为新用户和深度用户两类，并对比分析这两种类别用户对移动图书馆平台体验的差异。

（三）实验结果分析

1. 用户体验关注点分析

测试任务完成之后，课题组组织了参加测试人员进行焦点小组讨论，形成了如下的用户体验分析重点：

①使用移动图书馆平台对用户的价值；

②移动图书馆服务平台对用户的吸引力和易用性：涉及移动图书馆平台在视觉层面的组织形式、移动图书馆平台界面的可理解程度、移动图书馆平台在性能和效率上的表现；

③移动图书馆服务平台的交互性表现及其对用户的心理愉悦或满意影响。

以上体验分析涵盖了感官、认知、技术、服务、价值、情感等体验维度，并总结得到了如下的用户体验观测题项，如表2-4所示。

表2-4 移动图书馆用户体验观测题项

	平台色彩搭配合理性
感官体验	平台界面的设计风格
	平台页面框架布局合理

认知体验	平台操作便捷性
	平台图标信息通俗易懂程度
	用户学会使用移动图书馆平台的容易程度
技术体验	平台操作响应速度
	平台使用过程容易出错的程度
	平台对使用中出现的错误或意外反馈情况
	用户是否容易自行完成查询、阅读的相关操作
服务体验	平台资源对用户自身的吸引力
	平台功能对用户自身的吸引力
	用户能否快速完成所需的信息资源检索
情感体验	移动图书馆平台人机交互的友好程度
	平台使用对用户隐私的威胁程度
	使用移动图书馆感觉愉快程度
	是否感觉有价值，愿意向其他好友推荐使用
价值体验	用户使用时平台时可与其他读者交流便利程度
	移动图书馆平台提升学习生活的方便性
	对移动图书馆总体满意程度

2. 用户体验关注点实验数据

（1）移动图书馆用户体验实验结果数据

表 2-5 移动图书馆用户体验实验结果数据

用户体验观测项	均值	卡方检验		
		卡方	df	渐进显著性
平台色彩搭配合理	4.87	4.667	4	0.323
喜欢平台界面的设计风格	4.9	9.6	5	0.087
平台页面框架布局合理	5.43	1.733	3	0.63
平台操作便捷性	5.57	10.667	4	0.031

续表

用户体验观测项	均值	卡方检验		
		卡方	df	渐进显著性
平台图标信息通俗易懂	5.8	15.667	4	0.004
用户容易学会使用移动图书馆平台	5.17	10.4	5	0.065
平台操作响应速度迅速	3.9	7.333	6	0.291
平台不容易出错	4.8	4	4	0.406
平台对使用中出现的错误或意外有提示	4.13	24	5	0.000
使用时能自行完成查询、阅读的相关操作	3.47	10.6	6	0.102
平台资源吸引力	5.57	1.733	3	0.63
平台功能吸引力	5.07	6.333	4	0.176
能快速完成所需的信息资源检索	2.93	9.667	6	0.139
移动图书馆平台是友好的	5.97	8.667	3	0.034
平台不会对隐私构成威胁	4.93	16.4	5	0.006
使用移动图书馆感觉很愉快	5.27	11	4	0.027
对移动图书馆总体满意	5.47	6.8	3	0.079
平台有助于与其他读者交流	4.23	24.4	5	0.000
平台提升学习生活的方便性	5.4	12.333	4	0.015
会向其他好友推荐使用	5.7	2.267	3	0.519

从表2-5来看，用户体验的观测指标均值存在差异。因为使用了7点打分判断，中位数是4，有11项观测值超过5分以上，有3项观测值低于4分。进一步使用卡方检验数值来分析用户在评价移动图书馆平台体验感受的具体测量题项时态度偏好差异。从表2-5卡方检验结果来看，有8个具体观测题项渐进显著性的 p 值小于0.05（表2-5中用黑色加粗标注），达到显著水平，表示用户在评价体验感受时态度有显著差异。

（2）用户类型对用户体验结果的影响

课题组从性别、学历以及不同使用时间三个方面，分别分析不同类型用户对本校移动图书馆平台的"初始界面""馆藏查询借阅""多媒体资源""学术资源""阅读效果""总体印象"的体验差异，具体结果如图2-4所示。

从图2-4结果来看，不同类型的用户体验评分存在差异，女性的总体评分均高于男性，本科生与研究生的评分差异与不同的体验模块有关联，而新用户的体验评分要高于深度用户，这也说明不同的使用经验会影响用户的体验判断。使用独立样本t检验进行两个比较群体平均数的差异检验。从t检验结果数据看，男性和女性、研究生和本科生对移动图书馆各个服务模块以及总体印象上并无显著差异，而深度用户的体验评价要显著低于新用户（平均数差异t检验显著性p值=0.045＜0.05），为此将针对不同使用时长的用户作进一步分析。

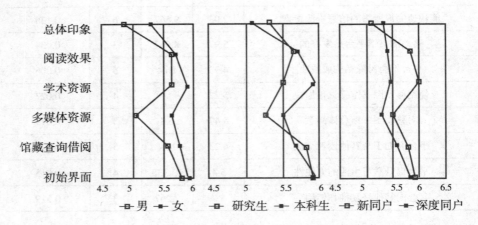

图2-4　不同类型用户对移动图书馆各个服务模块的体验评价对比

（3）用户使用时长对体验评价的进一步分析

针对本校移动图书馆平台的"初始界面""馆藏查询借阅""多媒体资源""学术资源""阅读效果""总体印象"等总体模块的体验印象评分数据表明：用户使用移动图书馆平台的时间长短有可能会影响用户体验感受。图2-5的体验统计结果表明：新用户更容易对移动图书馆平台产生满意感，这种满意感来自于移动图书馆平台资源吸引力，对移动图书馆服务平台也容易产生满足感。对于深度用户来说，体验差异最明显的是来自移动图书馆服务平台，独立样本 t 检验结果表明，在"平台不容易出错上"的认知上，深度用户的评价显著低于新用户（平均数差异 t 检验显著性 p 值 =0.010＜0.05），而在"使用时能自行完成查询、阅读的相关操作"的认知上，深度用户的评价则显著高于新用户（平均数差异 t 检验显著性 p 值 =0.012＜0.05），这说明随着使用的深入，对于移动图书馆平台操作愈加熟练，也更能发现平台存在的问题。

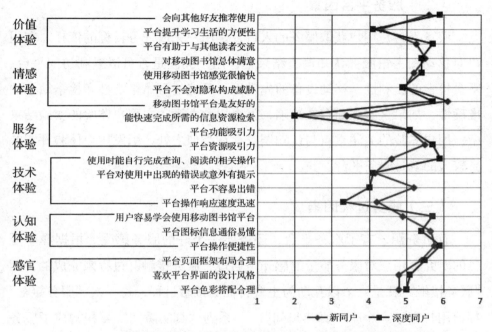

图 2-5 不同使用时间用户对移动图书馆平台主观评价均值图

四、基于实验结果的影响因素分析

总结移动图书馆服务质量的用户体验实验数据，我们发现移动图书馆功能及其资源、服务平台、服务过程、用户自身等因素都在一定程度影响移动图书馆的服务质量。

（一）功能或资源因素

对移动图书馆服务的基本认知调查结果表明，用户使用移动图书馆可以满足自己的任务需求，其中以信息（知识）资源为中心的检索与服务需求，是用户重点关注的方面。用户很关注资源的新颖性、资源满足自己需求的程度，没有自己需要的资源，就会引发用户不满。

（二）服务平台因素

服务平台是用户获取服务的入口，是用户完成任务目标的依托。在用户对移动图书馆服务认知调查结果中，用户关注是否可以顺利访问平台、平台检索的便利性，移动设备的先进性、系统的可靠稳定性和检索结果的准确性，如果这些方面存在缺陷，就会招致不满。在用户体验的实验结果中，用户体验的关注重点与认知调查存在类似之处，引发用户体验评测差异较大的就是服务平台。

（三）服务过程因素

有了资源、有了服务平台，还需要一个好的服务感受。根据泽丝曼尔的研究，用户对服务质量的感知是通过"服务接触"过程来完成的，而"服务接触"就是一个以互动为主要特征的接触过程，每一次"服务接触"都给用户留下一个个"真实瞬间"，一系列"真实瞬间"累积构成了服务质量总体印象。课题组的调查证实了服务过程对用户判断的影响。例如移动图书馆服务平台的视觉设计、移动图书馆服务平台的隐私保护、用户求助、与平台的交互、与相关用户的交互都成为用户认可的值得关注的焦点。

（四）用户因素

根据用户对移动图书馆服务的基本认知调查结果，用户在使用方式，使用态度、使用能力方面受用户的个人特征影响较大，不同的性别、不用的学历层次使得用户表现出不同的用户偏好和用户感受。根据 GROSS 的观点，用户个性的动机、需要、情绪、态度、素养等都会影响用户的期望，进而影响用户对服务质量的感知。用户对移动图书馆产品的理解、使用移动图书馆服务平台完成自己的任务目标、不同的使用时间和使用经验、对使用环境的适应性都会影响用户体验，这与 L. Alben[①] 所总结的用户体验涵盖内容是相一致的。从用户体验的实验结果看，用户在评价体验感受时态度有差异性，特别是不同用户的使用经验会影响用户对移动图书馆服务质量的判定。邓李君和杨文建针对影响高校大学生持续使用移动图书馆因素分析一文的发现佐证用户因素的重要性，用户因素的重要性仅次于信息质量，高于系统质量[②]。

此外，除了以上所列的主要影响因素之外，移动设备和移动互联技术的进步、社会文化环境都对移动图书馆服务质量的评测产生一定的影响，在构建移动图书馆服务质量评测时应根据具体的评价情境进行综合考虑。

---

① Alben L. Quality of Experience[J]. Interactions, 1996, 3（3）: 11-15.

② 邓李君，杨文建. 大学生使用移动图书馆的行为持续性的影响因素分析及对策研究——基于扩展持续使用模型 [J]. 图书馆论坛，2014, 34（2）: 63-68.

第三章 用户感知的移动图书馆服务质量评价模型

移动图书馆服务是以用户利用图书馆及其信息资源为主要目的，依托移动设备终端来完成的泛在的即时的服务形式，但服务提供者与用户的期望之间有时会存在不一致的情况，因此从用户感知视角来观测服务质量已成为服务提供者提升服务水平的重要数据来源。根据图书馆界既有的服务质量探索实践经验，用户感知的移动图书馆服务质量是一个综合观测的结果，可以从多维多层视角进行展开测量。

一、相近的服务质量评估研究回顾

（一）工商管理界服务质量评估思路

作为一种复杂的结构变量，服务质量的界定较难，但其多维度属性得到学者们的一致认可，与服务质量界定情况相似，学者们对服务质量维度的内容仍存在分歧。C. Gronroos[①]将感知质量划分为结果质量和过程质量，其中，结果质量也称为技术质量，用于评价服务交付过程中顾客的收获；过程质量也称功能质量，用于表示顾客是"怎样"获得服务的。在此

---

① Gronroos C. A Service Quality Model and Its Marketing Implications [J]. European Journal of Marketing, 1982, 18（1）: 36-44.

基础上，R.T. Rust 和 R.L. Oliver[①] 引入了环境质量维度，将服务质量扩充到三维度结构，环境质量反映顾客实际感知服务质量受实体环境的影响程度。PZB[②] 将服务质量影响因素归纳为有形性、保证性、可靠性、响应性及移情性。U.Lehtinen[③] 采用三维度结构，并将互动质量单独作为一个重要的维度，其中，实体质量即服务实体环境（包括设备、物理建筑等）；互动质量指服务提供者与顾客之间、顾客与顾客之间的互动；形象质量指的是企业整体形象给顾客留下的印象。U.Lehtinen[④] 曾于 1982 年将服务质量维度总结为过程质量和输出质量，过程质量的评价主体是正在接受服务的顾客，而输出质量则由接受过服务的顾客来评价。与 U.Lehtinen 看法一致，Harvey 从广义上的服务结果和过程两方面来测评服务质量，服务结果主要考察可靠性，过程质量则从技术质量和感知质量来观测，技术质量用于评价服务是否按最优化程序执行，感知质量则采用 PZB 提出的五个质量维度来测评。B. Edvardsson 等人[⑤] 采用了 4 个维度来测评服务质量，分别为反映服务者专业性和服务流程设计好坏的技术质量，衡量不同服务流程衔接是否流畅的互动质量，描述服务如何顺利传递给用户的功能质量，以及用于评价服务满足用户预期需求程度的结果质量。J.J.Cronin 和 M.K.Brady[⑥] 认为服务内容、服务交付过程及实体环境影响用户对服务质量的评价。

另一些研究者探讨了电子服务质量的构成维度。电子环境下，主

①　Rust R T, Oliver R L. Service quality: New directions in theory and practice [M]. California: Sage Publications, 1994: 37-48.

②　Parasuraman A, Zeithaml V A, Berry L L. Reassessment of expectations as a comparison standard in measuring service quality: implications for future research [J]. Journal of Marketing, 1994,58（1）: 111-124.

③　Lehtinen U, Lehtinen J R.Two Approachs to Service Quality Dimensions[J].Service Industries Journal, 1991,11（3）:287-303.

④　Lehtinen U, Lehtinen J R. A Study of Quality Dimensions[J].Service Management Institute,1982,5:25-32.

⑤　Edvardsson B, Thornasson B, Ovretveit J. Quality of service: Marking it really work [M]. New York:McGraw-Hill, 1994: 31-46.

⑥　Brady M K, Cronin J J. Some new thoughts on conceptualizing perceived service quality: a hierarchical Approach [J]. Journal of Marketing, 2001, 65（5）: 34-49.

要基于电子网站的特点探索其服务质量维度。J. Santos[1] 从网站的易用性、内容、外观、结构 / 布局、连接性等方面来测评电子服务质量；M. Wolfinbarger&M. Gilly[2] 通过群体访谈和在线调研，认为应该从可靠性、客户服务、界面设计、安全 / 隐私 4 个方面来评价电子服务质量；S. Barnes and R. Vidgen[3] 提出了类似 SERVQUAL 评价维度的电子服务质量的五个维度。纵观电子服务质量维度研究，各研究者所采用的研究视角或具体术语各异，但很多维度所表达的意思是互通的，文献中经常出现的维度术语如系统易用性及美学性（网站设计）、安全性、可靠性、隐私性、响应性和用户友好性（也称移情性）等[4]。

（二）图书馆服务质量评价回顾

图书馆界一直十分关注图书馆评估问题，早期的图书馆评估多以馆舍大小、馆藏数量、经费投入等为评估标准。例如，较早具有影响力的图书馆评估研究者 R.H.Orr[5] 发表《测评图书馆服务的好坏：定量评价的探索》，认为图书馆服务的好坏应该从"质量"和"价值"两个方面来判断，质量是图书馆服务满足用户需求的程度，而价值则是从服务所带来的成效方面来评价服务的。M.K.Bucland[6] 沿用并丰富了 R.H.Orr 的服务测评观点，但他认为资源是图书馆获得生存和长远发展的关键。图书馆界第一部服务评价论述著作作者 F.W.Lancaster[7] 认为：任何类型的服务都能从服务效果、

---

[1] Santos J. E-service quality: a model of virtual service quality dimensions [J]. Managing Service Quality, 2003, 13（3）: 233-246.

[2] Wolfinbarger M, Gilly M. eTailQ: dimensionalizing, measuring and predicting etail quality [J]. Journal of Retailing, 2003, 79: 183-198.

[3] Barnes S, Vidgen R. An evaluation of cyber-bookshops: the WebQual method [J]. International Journal of Electronic Commerce, 2001, 6（1）: 11-30.

[4] 朱娜. 基于公众体验的电子政务信息服务质量影响因素研究 [D]. 天津：天津师范大学, 2014.

[5] Orr R H. Measuring the Goodness of Library Service: A general framework for considering quantitative Measures [J]. Journal of Documentation, 1973, 29（3）: 315-332.

[6] Bucland M K. Concepts of library goodness [J]. Canadian Library Journal, 1982, 39（2）: 63-66.

[7] Lancaster F W.The measurement and evaluation of Library Services [M]. Washington D.C.: Information Resources Press, 1977: 15-43.

经费—效果和经费—效益三方面来评价。20世纪90年代，"用户至上"的服务观念扩散到各服务业，图书馆界也开始关注用户满意度的研究，伴随服务营销理论研究的不断成熟，图书馆界开始从用户感知角度进行图书馆服务质量测评研究，并通过用户实际感知到的服务与预期需求的差距来衡量。

F. Hebert[①] 最先采用 SERVQUAL 的五个维度来测评图书馆服务质量，此后，D.A. Nitecki[②] 详细介绍了营销管理界的感知服务质量观点、差距测评方法及 SERVQUAL 模型，曾言"图书馆服务的好坏来源于用户对服务质量的实际感知"。随后，图书馆领域研究者更加重视服务质量的研究和 SERVQUAL 的测评实践，出现"图书馆服务质量测评研究被 SERVQUAL 所主导"的局面。同时，学者们[③]也开始探索运用 SERVQUAL 来评估图书馆服务质量的理论适用性和实践可行性。于是，一些研究人员修订 SERVQUAL 的测评维度以适用于新的研究主题，较有影响力的是 ARL 和 A&M 提出的 LibQUAL 模型[④]。LibQUAL 是基于 SERVQUAL 的结构、结合图书馆的特点而形成的适合于图书馆服务质量测评的模型，经过四次大规模实验的修正，LibQUAL 最终的维度构成为服务效果、信息控制、图书馆环境及相应的 22 个测评题项。图书馆服务进入数字化模式后，ARL 又根据 LibQUAL 模型，构建了专门用于数字图书馆服务质量测评的 DigiQUAL 模型，包含服务效果、信息控制及数字图书馆环境三个方面及 11 项具体测评题项[⑤]。英国的 eVALUEd 则从用户体验、服务规划、服务管理和服务

---

① Hebert F. The quality of interlibrary borrowing services in large urban public libraries in Canada [D]. Toronto: University of Toronto, 1994.

② Nitecki D A. Changing the concept and measure of service quality in academic libraries [J]. The Journal of Academic Librarianship, 1996（5）: 181-190.

③ Hernon P, Nitecki D A, Altman E. Service quality and customer satisfaction: An assessment and future directions [J]. The Journal of Academic Librarianship, 1999, 25（1）: 9-17.

④ Thompson B, Cook C, Kyrillidou M. Concurrent validity of LibQUAL[+TM] scores: What do libQUAL [+TM] scores measure? [J]. Journal of Academic Librarianship, 2005, 31（6）: 517-522.

⑤ Kyrillidou M, Cook C, Lincoln Y. Digital Library Service Quality: what does it look like? [M]// Tsakonas G, Papatheodorou C. Evaluation of Digital Libraries: an insight into useful Applications and methods. Oxford: Chandos Publishing, 2009: 187-214.

影响四个层面来评估数字图书馆服务质量[①]。澳大利亚的图书馆用户满意度Insync 调查集中在交流沟通、传递过程、实体环境、服务质量、馆员及虚拟服务 7 个维度的类别上[②]。

二、移动图书馆服务质量测评维度分析

（一）移动图书馆服务质量评价的特点

从移动服务的既有质量评价研究成果来看，E. Kar 等人[③]考虑了移动服务新特性，将可靠性、响应性、用户界面、安全性和定制化作为测评维度。M. Chae 等人[④]针对移动商务的质量，从内容质量、连接质量、交互质量、环境质量维度进行评价；张龙[⑤]等人借鉴 R.T. Rust 和 R.L. Oliver 的观点，并结合移动服务的移动性、个性化、随时随地性的特征建立了包含交互质量、结果质量和环境质量的三维观测项目。

移动图书馆是以图书馆及其信息资源利用为目标，依托移动设备来完成的。根据既有研究成果的评价经验，作为传统服务在移动终端设备上的拓展服务，移动图书馆服务质量评价可以在适当继承既有服务质量共性评价指标的基础上，还要增设与移动服务新特性相对应的测评项目。

根据前文的调查及移动图书馆服务质量影响因素分析，用户因素是一个特别重要的因素，资源因素、服务平台、服务过程都是通过用户的感受来体现的。移动图书馆用户需求的满足程度是判别服务质量的重要依

---

① McNicol S. The evalued toolkit: a framework for the qualitative evaluation of electronic information services [J]. VINE, 2004, 34（4）: 172-175.

② 张为杰, 杨广锋, 周婕. nsync Surveys 图书馆用户满意度调查分析 [J]. 图书情报知识,2009(6):34-38.

③ Kar E, Muniafu S, Wang Y. Mobile services used in unstable environments: design requirements based on three case studies[C] //Mark S. Fox. In proceeedings of the 8th international conference on electronic commerce, New York: ACM New York, 2006: 302-303.

④ Chae M, et al. Information quality for mobile internet services: a theoretical model with empirical validation [J]. Electronic Markets, 2002, 12（1）: 38-46.

⑤ 张龙. 移动服务质量与顾客满意研究 [D]. 武汉: 华中科技大学,2009.

据。根据认知心理学分析，用户的需求结构可以分为：功能需求、品质需求和外延需求[①]，功能需求主要指服务产品的主导功能、辅助功能和兼容功能。品质需求包括性能、适用性、可靠性、安全性、经济和美学外观等。外延需求是指满足需求时用户的情绪状态。工商管理学界的 M.K. Brady 和 J.J. Cronin[②] 在 C. Gronroos[③] 等前人研究的基础上，将服务质量划分为服务产品质量（结果质量）、服务传递质量（互动质量）和物理环境质量（环境质量）。这种三分方法大致契合了移动图书馆用户的需求结构。著名的 SERVQUAL、LibQUAL、DigiQUAL 的评价模型尽管与 M.K. Brady 和 J.J. Cronin[3] 的服务维度划分方法不相同，但如果进一步观察，这些评价模型中的主维度可以单独或合并归入 M.K. Brady 和 J.J. Cronin 对服务质量属性分类之中。M.K. Brady 和 J.J. Cronin 的划分方法在工商管理学界有关移动服务质量评价研究、移动商务质量评价中得到了延续[④]，这同时也为移动图书馆服务质量测评维度建构提供了启示。

（二）移动图书馆服务质量测评主维度选择

与桌面电脑为主导的数字图书馆服务相比，移动图书馆服务依靠移动设备提供服务，其独特属性为：小屏幕，不需要键盘和鼠标作为与系统平台的交互工具，而依赖触摸屏、内置感应器以及支持手势识别的交互界面让用户与系统平台直接交互[⑤]。如果说桌面电脑属于 GUI（图形化用户界面：使用图形来表达信息对象）服务层次，而基于移动设备的移动图书馆服务则属于 NUI（自然化用户界面：把信息作为空间中的真实存在的物体进行

---

① 邓朝华. 移动服务用户接受行为及满意度研究 [M]. 北京：科学出版社，2012:68.

② Brady M K, Cronin J J. Some New Thoughts on Conceptualizing Perceived Service Quality: A Hierarchical Approach[J]. Journal of Marketing, 2001, 65（3）：34-49.

③ Gronroos C. A Service Quality Model and Its Marketing Implications[J]. European Journal of Marketing, 1982,18（1）：36-44.

④ Chen J V, Aritejo BA. Service quality and customer satisfaction measurement of mobile value-added services: a conceptual review[J]. International Journal of Mobile Communications,2008, 6（2）：165-176.

⑤ Hinman R. 移动互联：用户体验设计指南 [M]. 熊子川, 李满海, 译. 北京：清华大学出版社，2013:21-39.

描述）服务层次。从用户体验视角看，GUI 体验重点关注和追求用户任务的完成（即重视系统平台的功能和可用性），NUI 体验重点关注的是任务完成过程中的愉悦（在功能和可用性的基础上，重视系统平台对用户的情感关怀）。

结合第二章对移动图书馆服务质量影响因素的初步分析，移动图书馆的服务质量属性也可以简要概括为三种类型，一是与服务内容有关的质量属性，二是与服务执行过程（技术系统完成方式）有关的质量属性，三是与服务传递过程中系统与用户交互操作有关的心理体验质量属性。移动图书馆的服务内容着力于解决用户的功能需求匹配问题，可以优化用户对服务产品的有用性体验；移动图书馆的技术支持系统或平台着力于解决服务执行效率问题，可以优化对服务产品的有用性体验；移动图书馆的服务传递（交互）方式着力于解决移动图书馆对用户的持续吸引力问题，可以优化用户的情感体验。

因此，用户感知的移动图书馆服务质量评价维度可划分为三类：①有用性体验是基础，对应的是用户感知的服务内容质量；②可用性体验是支撑，对应于用户感知的技术支持平台质量；③情感性体验是持续吸引力，对应于用户感知的服务交互过程中的用户关怀质量。对此三个维度的服务质量属性，如果直接使用 M.K. Brady 和 J.J. Cronin 对服务质量维度命名[1]并不能反映移动图书馆服务质量内涵。

经过与国内代表性的超星移动图书馆服务平台的开发工程师的交流，本项目将用户感知的需求被满足与否的质量命名为"功能满足"质量（对用户是否有用）、将用户感知的支撑服务传递的技术系统平台质量命名为"技术系统"质量（对用户是否可用）、将用户感知的服务传递（交互）方式的质量命名为"用户关怀"质量（用户使用时是否愉悦）。与 LibQUAL、DigiQUAL 在主维度设置上显著差异的是：用户感知的移动图书馆服务的使用情感与愉悦性可正式在"用户关怀质量"被观测。

---

① Brady M K, Cronin J J. Some New Thoughts on Conceptualizing Perceived Service Quality: A Hierarchical Approach[J]. Journal of Marketing, 2001, 65（3）: 34-49.

（三）移动图书馆服务质量的观测点分析

以 LibQUAL、DigiQUAL 等为代表的图书馆服务质量评价模型主要为二阶潜因子多维结构测评模型。移动互联环境下，J.V. Chen 和 B.A. Aritejo[1]、张龙等人[2]等学者认为二阶多维结构测评模型不足以体现移动服务的复杂性，而三阶及以上的测评模型具有评价的合理性和有效性。A. Balog[3]、K. Kiran 等人[4]已尝试过将多维多层的测评方法引入到图书馆服务质量评价，国内赵杨也有过在数字图书馆移动服务开展多维多层评价的探索。考虑到移动图书馆服务质量的多层属性内涵，本研究拟采用三阶多维结构建立移动图书馆服务质量测评模型，在主维度确立的基础上，分析各主维度可能的观测点，根据观测点建立可能的观测项，通过数据分析，凝练子维度及具体的测评题项。

1."功能满足质量"的观测点分析

移动图书馆必须具有满足用户需求的特定功能，即必须具有一定的效用价值。效用价值是用户所寻找的产品与服务要能符合本身的条件，在移动服务环境下，效用价值体验依然是用户信息行为的最终目标。对比国外移动图书馆最佳实践网站中（htpp://www.libsuccess.org）所列举的移动图书馆服务，我们发现这些成功的移动图书馆在服务内容的广度、强度（独特性、时效性）、服务方式的新颖性、服务层次方面都表现优异。总结这些服务内容及发展趋势，本文初步认为"功能满足质量"可从完整性、实用性、移动适应性等方面进行观测。

其中"完整性"主要观测移动图书馆服务平台的服务范围、服务项目、信息资源内容。"实用性"主要观测移动图书馆服务平台中的信息准确性、

① Chen J V, Aritejo BA. Service quality and customer satisfaction measurement of mobile value-added services: a conceptual review[J]. International Journal of Mobile Communications,2008,6（2）:165-176.

② 张龙，鲁耀斌，林家宝. 多维多层尺度下移动服务质量测度的实证研究 [J]. 南开管理评论，2009,12（3）:35-44.

③ Balog A. Testing a multidimensional and hierarchical quality assessment model for digital libraries[J]. Studies in Informatics and Control,2011,20（3）: 233-246.

④ Kiran K, Diljit S. Modeling Web-based library service quality[J].Library & Information Science Research,2012,2（5）:184-196.

可靠性、时效性。"移动适应性"主要观测服务内容与移动设备的自洽性（根据移动设备的特点，提供可供检索与阅读的移动信息资源）、服务内容是否提供时间追溯功能（根据移动信息服务易于被打扰的使用情境，在项目和功能设置方面允许用户随时终止或随时继续，以降低用户支出的时间成本、精力成本和经济成本—主要指流量耗费）。

2. "技术系统质量"的观测点分析

从技术内涵看，移动图书馆是数字图书馆的发展，仍属于信息系统的范畴。可用性是信息系统的重要质量指标，是用户体验七大核心要素之一。根据 J. Nislen[1] 的定义，"可用性是评价用户界面使用的容易程度的质量属性，使用户能以清晰、透明、灵敏和有用的方式完成任务"。J. Jeng[2]分析了数字图书馆系统的可用性评价指标，包括有效性、效率、界面美观、易学、纠错机制等方面。结合本文作者前期对移动图书馆服务需求的调研结果分析[3]，笔者认为移动图书馆技术系统的可用性涉及容易学习、容易操作、系统的有效性以及实际使用环境下的使用效率等，大约可以从易用性、稳定性、安全性等方面来观测。

从易用性视角看，主要观测系统或平台的信息结构的清晰度、界面易懂性、用户操作便利程度、可学习性等。从稳定性视角看，主要观测系统或平台的出错频率、容错性、一致性、响应性方面。从安全性看，主要观测用户的隐私信息是否受到保护。

3. "用户关怀质量"的观测点分析

移动图书馆服务的用户体验是用户与移动信息服务互动的客观反映，

---

① Nielsen J. Usability 101: Introduction to Usability[EB/OL].[2014-09-05].http://www.nngroup.com/articles/usability-101-introduction-to-usability/.

② Jeng J. Usability assessment of academic digital libraries: Effectiveness, efficiency, satisfaction, and learnability[J]. Libri: International Journal of Libraries and Information Services,2005, 55（2/3）:96-121.

③ 郑德俊，沈军威，张正慧．移动图书馆服务的用户需求调查及发展建议 [J]. 图书情报工作，2014（7）:46-52.

它要求以用户为中心进行组织设计和服务提供[①]，遵循的是 R.Hinman[②] 在移动互联系统的体验设计中所倡导的"过程美学"（满足用户在使用过程中的快乐情感）、"社交原则"（支持使用者与其他用户的交互）。现实中，信息服务提供者主要通过用户与系统（或服务）的交互机制来体现"过程美学"，这种交互机制的实现可由 D.A. Norman 所声称的信息系统开发的情感设计[③] 来完成。除交互机制外，S. Gounaris 和 S. Dimitriadis[④] 还将客户化（个性化）、信息共享作为体现对用户关心的重要质量。参考上述研究成果，本书认为移动图书馆用户关怀质量可以从用户参与支持、社会化互动支持、个性化支持等方面来观测。

从用户参与视角看，主要观测用户与服务内容的互动、用户与技术系统的互动。从社会化互动视角看，主要观测移动用户之间的社会性交互有利于彼此共同分享使用经验与知识，用自身的体验来评价或推荐相关信息服务[⑤]。从个性化视角看，可能观测方式是：移动图书馆系统或平台在检索、展示方面是否允许用户根据自己的理解进行自我偏好定制等。

三、移动图书馆服务质量测评题项的生成与净化

（一）测评题项的生成

基于前文的分析，本项目研究团队与南京农业大学图书馆联合，在本校使用超星移动图书馆频率较高的正式用户中，征集了20位用户开展用户访谈，尽量使用用户可理解的语言，从"功能满足质量""技术系统质量"和"用户关怀质量"三个主维度及不同方向的观测点初步设计了34个

① 邓胜利. 用户体验 - 信息服务研究的新视角 [J]. 图书与情报，2008（4）:18-23.

② Hinman R. 移动互联：用户体验设计指南 [M]. 熊子川，李满海，译. 北京：清华大学出版社，2013:21-39

③ Norman D A. 情感化设计 [M]. 付秋芳，程进三，译. 北京：电子工业出版社，2005:83-85.

④ Gounaris S, Dimitriadis S. Assessing service quality on the Web: evidence from business-to-consumer portals[J]. Journal of Services Marketing, 2003, 17（5）: 529.

⑤ 邓胜利，张敏. 基于用户体验的交互式信息服务模型构建 [J]. 中国图书馆学报，2009,35(1):65-70.

测评题项，具体如表3-1所示。

表 3-1　移动图书馆服务质量主维度测评题项初始构成表

功能满足质量	技术系统质量	用户关怀质量
Q10_1 可即时获知图书馆公告、培训讲座等通知信息	Q11_1 平台界面或功能展示的文字、符号易懂	Q12_1 重视用户荐购图书资源的意见，回应积极
Q10_2 可即时查询图书馆藏资源	Q11_2 平台界面显示风格一致，不会因杂乱而引起用户焦虑	Q12_2 支持用户给平台中的资源添加标签、打分评价
Q10_3 支持最新或热门的服务类、资源类信息推送	Q11_3 结构清晰，很容易找到所需的服务	Q12_3 长期征集用户需求意见，结合需求定期更新平台
Q10_4 可即时查询借阅信息，办理续借、预约等相关手续	Q11_4 操作简单，新用户也易于操作	Q12_4 支持老用户参与自助问答内容建设，快捷有效回复新用户咨询
Q10_5 支持在线阅读电子资源	Q11_5 提供使用帮助，支持用户自我学习或提高使用水平	Q12_5 平台提供入口，支持用户彼此交流、信息共享
Q10_6 支持图书馆座位管理、研讨室预约等多种特色服务	Q11_6 平台运行稳定，无崩溃现象	Q12_6 支持用户与其他用户、其他社交平台交互分享信息
Q10_7 支持语音、文字等即时交互的咨询服务	Q11_7 友好提示用户输入错误或其他出错信息	Q12_7 与教务系统等常用信息门户融合，减少用户登录麻烦
Q10_8 能吸收其他平台经验和精华，拓展服务项目（如支持百科查询）	Q11_8 除网络原因外，平台响应迅速，节省时间	Q12_8 及时反馈热门借阅、热门检索等用户使用热点
Q10_9 发挥移动设备优势，提供地理位置查询或社交服务	Q11_9 准确记录用户借阅、预约、检索、支付等信息	Q12_9 支持自定义设置（如平台界面、信息显示方式等）
Q10_10 提供适合移动设备屏幕浏览的服务推广信息或书报刊阅读资源	Q11_10 清楚告知用户关于平台中隐私保密政策	Q12_10 支持定制自身感兴趣的信息服务或信息资源类型
Q10_11 平台中信息资源类型丰富、内容可靠、具有特色	Q11_11 及时提示用户隐私安全管理操作方式	Q12_11 智能预测用户偏好，提供针对性个性化服务
Q10_12 内容资源精干，便于用户在碎片时间阅读和标注		

（二）测评题项的优化

1.定性筛选

本研究在北京、南京两地寻求了5位从事图书馆移动服务管理岗位的馆员和10位移动图书馆用户，通过邮件和即时通信工具，对表3-1中的测评题项进行评议。受邀馆员和用户普遍认为，表3-1中Q10_5与Q10_10在部分内涵上重复，Q10_10题项中所提及的书报刊阅读资源可以代替Q10_5中所述及的支持在线阅读电子资源，而且，随着移动图书馆服务平台的发展，支持在线阅读将成为移动图书馆平台的基础配置，无须单独设立Q10_5测评题项。Q11_7、Q12_7均具有较强的桌面电脑思维，并不适合以手机主体的移动设备服务，Q10_5、Q11_7、Q12_7此三项可以删除。另外，Q11_4与Q11_5之间、Q12_5与Q12_6之间在内涵存在部分重复，建议删除Q11_5、Q12_6，保留内涵更广泛一些的Q11_4、Q12_5。这样我们得到了29个测评题项，作为进一步定量筛选的依据。

2. 定量筛选

设计如下：以南京地区的移动图书馆的正式注册使用用户为调研对象进行量表预试。以表3-1中去除Q10_5，Q11_5，Q11_7、Q12_6、Q12_7的测评题项为基础，制成调查问卷，每个题项采用李克特5点量表打分法采集用户意见，使用即时通信工具、电子邮件、在线答题等方式进行数据收集，问卷发放时间为2014年12月。共回收问卷553份，剔除单一打分的无效问卷后，得到有效问卷共425份，问卷的有效回收率为76.9%。

南京地区的样本数据，将近一半来自东南大学、河海大学、南京大学、南京航空航天大学、南京理工大学、南京农业大学、南京师范大学、中国药科大学8所211高校，另外一半既有南京地区普通本科、专科学校用户，还有南京图书馆、苏宁等事业单位或公司的用户，调研对象的范围和构成较为科学合理。男性占59.8%，女性占40.2%。91.3%为高校学生用户。从专业角度看，理工专业占比56.9%，文史哲占比11.8%，生命科学占比10.8%，管理学占比9.6%，经济学占比5.2%，其他占比5.6%。使用APP客户端访问移动图书馆用户占到了76.1%，有13.6%的用户通过WAP访问，有8.7%的用户通过微信公众平台访问。从使用频率上来看，有37.4%的用户每周使用2次以上，有76.7%的用户每周至少使用1次，有73.2%的用户持续使用时间超过1个月以上。

表3-2 移动图书馆服务质量测评题项定量筛选的样本信息

		频数	百分比			频数	百分比
性别	男	254	59.8%	移动图书馆类型	短彩信	9	1.7%
	女	171	40.2%		WAP 网页	72	13.6%
身份	高校本科低年级	220	51.8%		APP 客户端	404	76.1%
	高校本科高年级	106	24.9%		微信公众平台	46	8.7%
	高校研究生	62	14.6%	使用频率	没使用过	5	1.2%
	教师	9	2.1%		偶尔使用	94	22.1%
	企事业员工	13	3.1%		每周 1 次	53	12.5%
	公务员	2	0.5%		每周 2 次以上	159	37.4%
	离退休人员	1	0.2%		每天使用	114	26.8%
	其他	12	2.8%	使用持续时间	没使用过	5	1.2%
专业	理工	242	56.9%		1 周以下	39	9.2%
	生命科学	46	10.8%		1 个月以下	70	16.5%
	文史哲	50	11.8%		1—3 个月	152	35.8%
	经济学（含金融学）	22	5.2%		3—6 个月	40	9.4%
	管理学	41	9.6%		半年—1 年	63	14.8%
	其他	24	5.6%		1 年以上	56	13.2%

　　参考相关研究成果[1][2]，定量筛选主要使用5类指标（共6个指标）：①判断测评题项鉴别力指标——"决断值（CR）"；②使用不同计算方法来判断测评题项与整体量表的同质量性的指标——"题总相关系数（CITC）""校正后题总相关系数"；③信度指标——Cronbach α 系数；④判定题项之间属性变异指标——共同性系数；⑤判断测评题项与测评因子（维度）之间密切关系的指标——因素负荷量。6个指标值计算结果如表3-3

---

① Churchill G A, JR. Aparadigm for developing better measures of marketingconstructs[J]. Journal of Marketing Research，1979,16（1）:64-73.

② 吴明隆. 问卷统计分析实务—SPSS 操作与应用 [M]. 重庆：重庆大学出版社，2010:172-192.

所示，低于判断标准值的数据被加了下划线。

根据表3-3，29个测评题项中有26项的所有指标数值均符合判断标准，有1个测评题项（Q10_11）多个筛选指标值中，仅有 CITC 小于判断标准，且如若删除该测评项后得到的 Cronbach's α 系数并有显著提高（0797<0.805），分析其原因，可能是题项表述的歧义影响了用户的打分结果。结合专家咨询，拟将 Q10_11 题项表述"平台中信息资源类型丰富、内容可靠、具有特色"修改为"平台中具有文本视听等多类型丰富资源、内容可靠、具有特色"。另有2个测评题项（Q10-2、Q10-4）的多项指标值小于判断标准。笔者在南京地区与多个高校图书馆的移动注册用户交流，用户普遍认为移动图书馆是数字图书馆新的发展形式，通过移动图书馆平台查询馆藏资源和办理续借预约手续等应该属于移动图书馆平台最基本的功能配置，目前国内移动图书馆平台均已普遍实现，如果再将其单列为专门的服务质量测评题项似乎意义不太，可考虑删除 Q10-2、Q10-4。这样我们共得到了建立测评模型的27个测评题项。

表 3-3　移动图书馆服务质量测评题项的定量筛选相关指标

		决断值	题总相关	校正题项与总分相关	题项删除后的α值	共同性	因素负荷量	未达标准指标数	处理方式
	判断标准	≥ 3.00	≥ 0.400	≥ 0.400	注释（1）	≥ 0.2	≥ 0.45		
功能满足质量	Q10_1	10.482	0.534**	.406	.795	.263	.513	0	
	Q10_2	6.143	0.378**	.275	.805	.126	.355	4	删除
	Q10_3	14.274	0.667**	.557	.779	.454	.673	0	
	Q10_4	8.164	0.456**	.345	.800	.191	.437	3	删除
	Q10_6	15.367	0.651**	.526	.783	.414	.643	0	
功能满足质量	Q10_7	16.646	0.683**	.575	.777	.482	.694	0	
	Q10_8	14.403	0.676**	.571	.778	.478	.691	0	
	Q10_9	18.255	0.687**	.562	.779	.473	.688	0	
	Q10_10	11.038	0.575**	.457	.790	.341	.584	0	
	Q10_11	7.756	0.490**	.379	.797	.246	.496	1	修改
	Q10_12	8.335	0.520**	.412	.794	.278	.528	0	

		决断值	题总相关	校正题项与总分相关	题项删除后的α值	共同性	因素负荷量	未达标准指标数	处理方式
技术系统质量	Q11_1	12.923	0.621**	.504	.811	.394	.627	0	
	Q11_2	14.803	0.613**	.492	.812	.382	.618	0	
	Q11_3	16.235	0.690**	.600	.802	.511	.715	0	
	Q11_4	13.926	0.582**	.457	.816	.341	.584	0	
	Q11_6	13.345	0.655**	.534	.807	.422	.650	0	
	Q11_8	15.188	0.671**	.556	.805	.454	.674	0	
	Q11_9	12.129	0.630**	.499	.812	.380	.617	0	
	Q11_10	15.167	0.664**	.541	.807	.425	.652	0	
	Q11_11	15.518	0.699**	.585	.801	.477	.691	0	
用户关怀质量	Q12_1	11.804	0.607**	.495	.847	.365	.604	0	
	Q12_2	13.495	0.674**	.572	.840	.458	.677	0	
	Q12_3	13.592	0.653**	.555	.842	.437	.661	0	
	Q12_4	14.631	0.691**	.594	.838	.489	.699	0	
	Q12_5	16.180	0.702**	.600	.837	.493	.702	0	
	Q12_8	15.473	0.708**	.605	.836	.499	.707	0	
	Q12_9	15.366	0.700**	.588	.838	.477	.690	0	
	Q12_10	12.985	0.719**	.626	.834	.520	.721	0	
	Q12_11	13.708	0.668**	.557	.841	.436	.661	0	
注释	（1）删除后信度标准在功能满足质量、技术系统质量、用户关怀质量上依次为 ≤0.805、0.826、0.855 （2）"**"表示相关系数在0.01的显著性水平上显著相关。								

四、移动图书馆服务质量测评模型的建立

（一）数据来源

为了提高测评量表的应用价值，本研究调研对象考虑了不同平台的

用户类型（如超星移动图书馆用户、书生移动图书馆用户、乐致安移动图书馆用户和图书馆自建服务平台用户），与超星公司共同联合开展超星移动图书馆用户有奖调研，其他类型的用户调研由本项目课题组在北京、上海、南京、深圳等地联合部分985高校和有代表性的公共图书馆开展有奖调研。问卷调查从准备到完成调查历时两个月，共获得高级用户（使用移动图书馆服务不少于3个月，且每周使用频率2次以上）数据8000多份，去除无效问卷后，得到有效问卷6285份。将这些问卷分为两部分，一半（3142份样本）用于探索性分析，一半（3143份样本）用于验证性分析。

（二）测评量表的探索性分析

探索性问卷样本3142份，使用SPSS 20.0工具进行探索性分析。数据来源主要集中在北京、广东、安徽、四川、湖南、山东、河北、湖北、浙江、江苏、上海、江西、陕西、甘肃等地，其中男性比例为58%，女性比例为42%。

表 3-4 移动图书馆服务质量测评量表探索性分析的样本信息

		频数	百分比			频数	百分比
性别	男	1822	58%		理学	820	26.1%
	女	1320	42%		工学	640	20.4%
身份	高校本科低年级	1333	42.4%	专业	生命科学	230	7.3%
	高校本科高年级	1109	35.3%		文史哲	573	18.2%
	高校研究生	306	9.7%		法学/教育学/社会学	149	4.7%
	教师	97	3.1%		经济学（含金融学）	228	7.3%
	企事业员工	180	5.7%		管理学	310	9.9%
身份	公务员	20	0.6%	专业	艺术学	35	1.1%
	离退休人员	1	0.0%		其他	157	5%
	中学生	13	0.4%	使用频率	每周两次以上	1757	55.9%
	其他	83	2.6%		每天使用	1385	44.1%

		频数	百分比			频数	百分比
移动图书馆类型	短彩信	165	3.5%	使用持续时间	3—6个月	956	30.4%
	WAP 网页	978	20.9%		半年—1年	1160	36.9%
	APP 客户端	2901	62%		1年以上	1026	32.7%
	微信公众平台	632	13.5%				

高校学生是问卷数据的主要来源，占比达到87.5%。从专业角度看，理学占比26.1%,工学占比20.4%,文史哲占比18.2%、管理学占比9.9%,生命科学、经济学各占比7.3%,法学、教育学、社会学等总占比4.7%,其他占比6.1%。使用 APP 客户端访问移动图书馆用户占到了62%，有20.9%的用户通过 WAP 访问，有13.5%的用户通过微信公众平台访问。在这些使用移动图书馆服务不少于3个月的3142个用户中，有36.9%的用户使用在半年–1年左右，有32.7%使用超过1年以上。

表3–5 移动图书馆服务质量测评量表探索性分析的定量筛选指标

		决断值	题总相关	校正题项与总分相关	题项删除后的α值	共同性	因素负荷量	未达标准指标数	处理方式
	判断标准	≥ 3.00	≥ 0.400	≥ 0.400	注释（1）	≥ 0.2	≥ 0.45		
功能满足质量	Q10_1	32.000	0.572**	.433	.791	.306	.553	0	
	Q10_3	34.862	0.600**	.471	.786	.357	.597	0	
	Q10_6	43.198	0.657**	.519	.780	.415	.645	0	
	Q10_7	46.494	0.693**	.572	.772	.479	.692	0	
	Q10_8	41.383	0.698**	.588	.771	.511	.715	0	
	Q10_9	42.127	0.655**	.514	.781	.416	.645	0	
	Q10_10	33.786	0.610**	.486	.784	.383	.619	0	
	Q10_11	27.273	0.556**	.434	.790	.322	.567	0	
	Q10_12	27.097	0.554**	.430	.791	.315	.561	0	
技术系统质量	Q11_1	29.929	0.572**	.451	.778	.354	.595	0	
	Q11_2	33.301	0.595**	.467	.776	.381	.617	0	
	Q11_3	37.113	0.651**	.538	.767	.463	.681	0	
	Q11_4	31.200	0.576**	.452	.778	.357	.598	0	

		决断值	题总相关	校正题项与总分相关	题项删除后的α值	共同性	因素负荷量	未达标准指标数	处理方式
技术系统质量	Q11_6	31.510	0.602**	.450	.779	.335	.579	0	
	Q11_8	37.221	0.654**	.522	.768	.414	.643	0	
	Q11_9	32.553	0.585**	.437	.780	.316	.562	0	
	Q11_10	42.307	0.654**	.519	.768	.406	.637	0	
	Q11_11	40.992	0.646**	.511	.770	.397	.630	0	
用户关怀质量	Q12_1	35.608	0.631**	.521	.834	.407	.638	0	
	Q12_2	40.234	0.679**	.578	.828	.474	.689	0	
	Q12_3	40.051	0.690**	.590	.827	.492	.701	0	
	Q12_4	42.513	0.685**	.582	.827	.481	.694	0	
	Q12_5	44.332	0.700**	.594	.826	.494	.703	0	
	Q12_8	40.995	0.683**	.576	.828	.464	.681	0	
	Q12_9	36.557	0.615**	.490	.837	.354	.595	0	
	Q12_10	38.982	0.673**	.566	.829	.443	.666	0	
	Q12_11	41.181	0.667**	.552	.831	.431	.656	0	
注释	（1）删除后信度标准在功能满足质量、技术系统质量、用户关怀质量上依次为≤ 0.802、0.794、0.846 （2）"**"表示相关系数在的显著性水平上显著相关。								

对3142份问卷仍然进行"决断值""题总相关系数（CITC）""校正题总相关系数"、Cronbach α 系数、共同性、因素负荷量等6项指标值的计算，所有题项的6项指标值均符合判断标准。

前文3.2小节已对移动图书馆服务质量的主维度做出了界定，并通过定性与定量筛选后得到若干测评题项，本次着重对各主维度所包含的子维度作探索性因子分析，共进行了两次探索性分析。

表3-6 移动图书馆服务质量测评量表的第一次探索性分析结果

功能满足质量			技术系统质量			用户关怀质量		
测评题项	Component		测评题项	Component		测评题项	Component	
	1	2		1	2		1	2
Q10_6	.798	.053	Q11_10	.837	.050	Q12_1	.778	.079
Q10_7	.782	.146	Q11_11	.822	.056	Q12_3	.742	.216
Q10_1	.663	.071	Q11_9	.603	.185	Q12_2	.712	.232
Q10_9	.558	.338	Q11_8	.575	.330	Q12_4	.711	.240
Q10_3	.490	.345	Q11_6	.505	.310	Q12_5	.601	.380
Q10_11	.074	.793	Q11_2	.114	.769	Q12_10	.197	.786
Q10_12	.091	.764	Q11_1	.120	.732	Q12_9	.104	.785
Q10_10	.244	.672	Q11_3	.240	.731	Q12_11	.252	.709
Q10_8	.507	.507	Q11_4	.171	.683	Q12_8	.384	.596
KMO	0.847			0.794			0.891	
方差累积贡献率	52.827%			53.503%			57.693%	

第一次探索性分析主要针对经过定性定量净化后的27个测评题项进行，相关信度和效度指标均符合要求，且各主维度均可提取出2个共同特征因子作为子维度，但由于"功能满足质量"分量表中的Q10_8测评题项在两个共同特征因子上的载荷量均大于0.5，存在交叉载荷，需要被删除。通过与用户的交流，Q10_8不是移动图书馆平台的核心功能，如果删除此题项也是可以接受的。

第二次的探索性分析是针对删除Q10_8后的26个测评题项进行，无论是数据信度还是量表的结构效度都满足要求。3个分量表和整体量表的 Cronbach α 系数都高于0.7，说明具有很好的内部一致性。3个分量表的 KMO 值接近或大于0.8，Bartlett 的球形度检验的显著性概率 P 值均为0.000，全部通过检验，说明各分量表测度项之间有共同因素存在，适合做因子分析。

两次探索分析过程中所计算的 Cronbach α 值、KMO 值如表3-7所示。

表 3-7 移动图书馆服务质量两次探索性分析的信度检验

	未删除 Q10_8 题项之前			删除 Q10_8 题项之后		
	Cronbach α 值	KMO	P	Cronbach α 值	KMO	P
功能满足质量	0.802		0.847	.000	0.771		0.805	.000
技术系统质量	0.794	0.910	0.794	.000	0.794	0.906	0.794	.000
用户关怀质量	0.837		0.891	.000	0.837		0.891	.000

表 3-8 移动图书馆服务质量测评量表的第二次探索性分析结果

功能满足质量			技术系统质量			用户关怀质量		
测评题项	Component		测评题项	Component		测评题项	Component	
	1	2		1	2		1	2
Q10_6	.804	.055	Q11_10	.837	.050	Q12_1	.778	.079
Q10_7	.784	.138	Q11_11	.822	.056	Q12_3	.742	.216
Q10_1	.672	.083	Q11_9	.603	.185	Q12_2	.712	.232
Q10_9	.561	.331	Q11_8	.575	.330	Q12_4	.711	.240
Q10_3	.502	.357	Q11_6	.505	.310	Q12_5	.601	.380
Q10_11	.084	.800	Q11_2	.114	.769	Q12_10	.197	.786
Q10_12	.105	.776	Q11_1	.120	.732	Q12_9	.104	.785
Q10_10	.254	.674	Q11_3	.240	.731	Q12_11	.252	.709
			Q11_4	.171	.683	Q12_8	.384	.596
KMO	0.805			0.794			0.891	
方差累积贡献率	54.060%			53.503%			57.693%	

根据第一次探索性分析的结果对 Q10_8 题项进行删除，因此第二次探索性分析主要是"功能满足质量"维度的结果有所变化，而"技术系统质

量""用户关怀质量"2个维度并未有题项的删减,对这两个维度进行第二次探索性分析结果和第一次的分析结果一致,因此只列出第二次探索性分析"功能满足质量"的因子分析结果。

根据第二次探索分析结果,"功能满足质量""技术系统质量""用户关怀质量"均可提取出两个共同特征因子作为子维度,方差累积贡献率分别为54.06%、53.50%、57.69%,根据吴明隆的观点,行为及社会科学领域的测量不如自然科学领域精确,数据萃取后保留的因子联合解释变异量达50%以上,则萃取的因子是可以接受的。因此,本研究的探索结果有效。数据萃取后的因子聚类结果如表4所示。

根据表3-8的结果,结合第2节的分析,本研究对通过探索性分析得到的各个子维度进行了重新解释与命名,并对各测评维度(共有3个主维度和6个子维度)及其包含的26个测评题项重新进行了编号,汇总后如表3-9所示。根据专家建议,"功能满足质量"简称"功能质量","技术系统质量"简称"技术质量"。

表3-9 移动图书馆服务质量测评量表的探索性分析结果

目标	主维度	子维度	原题代号	新标代号	测评题项
移动图书馆服务质量MLQ	功能质量(FQ)	功能丰富性(FAQ)	Q10-1	FAQ1	可即时获知图书馆公告、培训讲座等通知信息
			Q10-3	FAQ2	支持最新或热门的服务类、资源类信息推送
			Q10-6	FAQ3	支持图书馆座位管理、研讨室预约等多种特色服务
			Q10-7	FAQ4	支持语音、文字等即时交互的咨询服务
			Q10-9	FAQ5	能发挥移动设备优势,提供地理位置查询或社交服务
	技术质量(TQ)	功能适用性(FSQ)	Q10-10	FSQ1	提供适合移动设备屏幕浏览的服务推广信息或书报刊资源
			Q10-11	FSQ2	平台中具有文本视听等多类型丰富资源、内容可靠、具有特色
			Q10-12	FSQ3	内容资源精干,便于用户在碎片时间阅读和标注

续表

目标	主维度	子维度	原题代号	新标代号	测评题项
移动图书馆服务质量	技术质量（TQ）	易学易用性（TAQ）	Q11_1	TAQ1	平台界面或功能展示的文字、符号易懂
			Q11_2	TAQ2	平台界面显示风格一致，不会因杂乱而引起用户焦虑
			Q11_3	TAQ3	结构清晰，很容易找到所需的服务
			Q11_4	TAQ4	操作简单，新用户也易于操作
		安全稳定性（TSQ）	Q11_6	TSQ1	平台运行稳定，无崩溃现象
			Q11_8	TSQ2	除网络原因外，平台响应迅速，节省时间
			Q11_9	TSQ3	准确记录用户借阅、预约、检索、支付等信息
			Q11_10	TSQ4	清楚告知用户关于平台中隐私保密政策
			Q11_11	TSQ5	及时提示用户隐私安全管理操作方式
	用户关怀质量（CQ）	支持用户参与（CPQ）	Q12_1	CPQ1	重视用户荐购图书资源的意见，回应积极
			Q12_2	CPQ2	支持用户给平台中的资源添加标签、打分评价
			Q12_3	CPQ3	长期征集用户需求意见，结合需求定期更新平台
			Q12_4	CPQ4	支持老用户参与自助问答内容建设，快捷有效回复新用户咨询
			Q12_5	CPQ5	平台提供入口，支持用户彼此交流、信息共享
		支持个性化（CIQ）	Q12_8	CIQ1	及时反馈热门借阅、热门检索等用户使用热点
			Q12_9	CIQ2	支持自定义设置（如平台界面、信息显示方式等）
			Q12_10	CIQ3	支持定制自身感兴趣的信息服务或信息资源类型
			Q12_11	CIQ4	智能预测用户偏好，提供针对性个性化服务

（三）移动图书馆服务质量测评模型的验证性分析

根据表3-9的探索结果，移动图书馆服务质量的测评模型是一个呈三层多维的结构模型，主维度之间彼此影响，共同影响用户对移动图书馆服务质量的感知，该测评模型尚需通过实证分析来验证。M.K. Brady 和 J.J. Cronin 认为[1] 目前还没有特别有效的方法同时分析验证三层的因子模型，三层以上的模型需要分阶段分层验证。因此本研究参考张龙对多维多层模型验证中所采用的方法[15]—应用"部分分散技术"分阶段分层验证表3-9中所构建的移动图书馆服务质量多维多层测评模型。

结构方程模型是用来检验外部潜变量和内部潜变量之间假设关系的一种全包式统计方法。在结构方程模型使用过程中，测度项的不同组合方式将会影响结构方程模型的结果。R.P.Bagozzi 和 J.R.Edwards 指出，在心理学中使用测度项组合通常有四种不同的组合方式：完全分散（total disaggregation）、部分分散（partial disaggregation）、部分聚合（partial aggregation）和完全聚合（total aggregation）。完全分散即指我们通常传统结构方程模型所使用的方法，每个结构变量的外显指标为单个测度项。部分分散，是用测度项组合作为潜变量的外显指标。尽管传统结构模型（完全分散）在检验模型过程中能够提供最详细的分析信息，但当模型中的结构变量及结构变量的测度指标较多时，由于待估计的参数增加，总体的误差水平也会提高。而潜变量测度项组合方法则比潜变量的多个单一测度指标方法有众多优势，部分分散技术属于测度项组合方法中的一种，可以把它看作为传统结构方程模型完全分散技术与多元回归分析方法的综合，它使用组合测度项代替多个单一指标，可以减少模型随机误差水平，同时仍保持传统结构方程的优点。

部分分散技术在一定程度上能够避免与详细的单一指标有关的问题，同时，通过组合测度项度量潜变量可以获得更好的内在一致性信度和结构效度。在实际操作方面，当使用部分分散技术时，由于每个子维度通过多个测度项进行度量，此时，对每个子维度下的测度项进行随机加总，最终实现多个测度项加总成两个或三个复合测度项。那么每个子维度通过两个或三个加总的测度项进行度量。需要说明的是，随机组合测度项的原则必

① Brady M K, Cronin J J. Some New Thoughts on Conceptualizing Perceived Service Quality: A Hierarchical Approach[J]. Journal of Marketing, 2001, 65（3）: 34-49.

须满足所有组合的测度项必须同属于相同的子维度，而不是把所有子维度下的测度项进行随机组合，这样，组合后的测度项能够提高总体模型的拟合水平。

验证性样本3143份，使用AMOS20.0工具进行验证。数据来源仍主要集中在北京、广东、安徽、四川、湖南、山东、河北、湖北、浙江、江苏、上海、江西、陕西等地，其中男性比例为58.7%，女性比例为41.3%，高校学生占比达到90%，另有7.4%群体为教师和企事业人员（公共图书馆的移动图书馆用户）。从专业角度看，理学占比28.1%，工学占比22%，文史哲占比16.1%、管理学占比10.5%，生命科学占比7.3%，经济学占比6.1%，法学、教育学、社会学等总占比3.8%，其他占比6.1%。使用APP客户端访问移动图书馆用户占到了60.3%，有21.9%的用户通过WAP访问，有13.4%的用户通过微信公众平台访问。在这些使用移动图书馆服务不少于3个月的3143个用户中，有37.7%的用户使用在半年-1年左右，有31.9%使用超过1年以上。总体来看，验证性样本数据规模具有较好的代表性，且和探索性样本数据在地域分布、学科构成、学历构成、使用移动图书馆的类型和频率等方面呈现出基本一致的比例分布。

表3-10　移动图书馆服务质量测评模型的验证性分析样本描述

		频数	百分比			频数	百分比
性别	男	1845	58.7%		理学	884	28.1%
	女	1298	41.3%		工学	691	22.0%
身份	高校本科低年级	1440	45.8%		生命科学	229	7.3%
	高校本科高年级	1082	34.4%		文史哲	505	16.1%
	高校研究生	308	9.8%	专业	法学/教育学/社会学	121	3.8%
	教师	91	2.9%		经济学（含金融学）	193	6.1%
	企事业员工	140	4.5%		管理学	329	10.5%
	公务员	13	0.4%		艺术学	44	1.4%
	离退休人员	1	0.0%		其他	147	4.7%

		频数	百分比			频数	百分比
身份	中学生	11	0.3%	使用频率	每周两次以上	1901	60.5%
	其他	57	1.8%		每天使用	1242	39.5%
移动图书馆类型	短彩信	210	4.4%	使用持续时间	3—6个月	954	30.4%
	WAP 网页	1046	21.9%		半年—1年	1186	37.7%
	APP 客户端	2878	60.3%		1年以上	1003	31.9%
	微信公众平台	639	13.4%				

本书将模型验证分为三个阶段，第一阶段检验主维度，即检验功能满足质量、技术系统质量和用户关怀质量是否可以作为移动图书馆服务质量的合适标识。第二阶段是检验三个主维度所包含的6个子维度能否作为合适的标识。第三阶段检验服务质量能否作为三个主维度（功能质量、技术质量和用户关怀质量）更高层次的因子。

在使用"部分分散方法"时，"功能质量""技术质量"和"用户关怀质量"三个主维度被看成同等的维度，遵循测度项组合原理将每个主维度的测评题项进行随机组合。为了清楚解释部分分散技术的具体使用，我们以功能满足质量的复合测度项作为例子。功能质量包含2个子维度，由8个具体题项测度。部分分散技术原理说明，属于相同维度的所有题项可以组合成两个或三个复合测度项。因此本文通过随机方式把与功能质量有关的8个具体题项分成两组以组合成两个复合测度项。第一组指标由 FAQ1、FAQ2、FAQ5和FSQ1组成，这些指标之和即为 FQ1。第二组指标由 FAQ3.FAQ4、FSQ2和FSQ3组成，这些指标之和即为 FQ2。对于其他两个主维度使用相同方法形成组合测度项，详细信息如图1下面的内容所示，最后得到的各分层模型验证结果如图3-1所示。

图3-1中，1a 为第一阶段，1b 为第二阶段模型，1c 为第三阶段模型，观测变量与子维度之间的标准负荷值在0.52—0.92之间，说明各测量项具有较好的收敛效度。主维度之间、主维度与服务质量之间的路径系数也均

小于1，说明各维度之间具有较好的区别效度。分阶段验证的各层模型的拟合指数也达到了模型推荐值的水平（如表3–11所示），其中主维度验证模型（1a）与总体验证模型（1c）两个模型需要估计的参数和自由度都是一样的，因此模型的拟合指数呈现一致性。

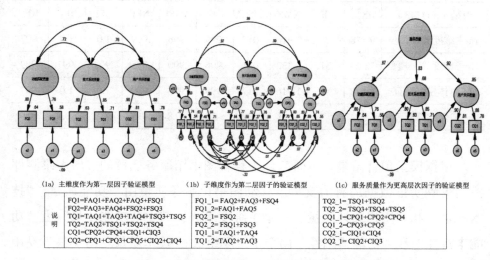

（1a）主维度作为第一层因子验证模型　（1b）子维度作为第二层因子的验证模型　（1c）服务质量作为更高层次因子的验证模型

| 说明 | FQ1=FAQ1+FAQ2+FAQ5+FSQ1
FQ2=FAQ3+FAQ4+FSQ3+FSQ3
TQ1=TAQ1+TAQ3+TAQ4+TSQ3+TSQ5
TQ2=TSQ2+TSQ1+TSQ2+TSQ4
CQ1=CPQ2+CPQ4+CIQ1+CIQ3
CQ2=CPQ1+CPQ3+CPQ5+CIQ2+CIQ4 | FQ1_1=FAQ2+FAQ3+FSQ4
FQ1_2=FAQ1+FAQ5
FQ2_1=FSQ2
FQ2_2=FSQ1+FSQ3
TQ1_1=TAQ1+TAQ4
TQ1_2=TAQ2+TAQ3 | TQ2_1=TSQ1+TSQ2
TQ2_2=TSQ3+TSQ4+TSQ5
CQ1_1=CPQ1+CPQ2+CPQ4
CQ1_2=CPQ3+CPQ5
CQ2_1=CIQ1+CIQ4
CQ2_1=CIQ2+CIQ3 |

图 3–1　移动图书馆服务质量多维多维多层评价模型分层验证结果

表 3–11　移动图书馆服务质量各分层验证模型修正前的拟合指标

模型（n=3143）	X^2	df	X^2/df	RMSEA	GFI	AGFI	NFI	CFI	IFI	RFI
1a 主维度验证模型	23.394	6	3.899	.030	.997	.991	.998	0.998	0.998	.994
1b 子维度验证模型	307.762	45	6.839	.043	.983	.971	.979	.982	.982	.969
1c 总体模型验证	23.394	6	3.899	.030	.997	.991	.998	0.998	0.998	.994
拟合推荐值			< 3	<0.08	>0.9	>0.8	>0.9	>0.9	>0.9	>0.9

　　邱皓政认为修正指标值高于5时才具有修正必要，而且研究者应先根据最大的修正指标值来修正模型，同时最好每修正一个参数即进行模型检验，而不要将数个固定参数同时改为自由参数。因此1a主维度验证模型修正时，首先增列误差变量e1和误差变量e4间有共变关系，此时修正模型后的修正指标都小于5。

同理根据修正指标，依次对1b、1c两个阶段的模型进行修正，对比修正前和修正后的模型拟合指数，修正后的模型更好地符合各项拟合指标。

表 3-12 移动图书馆服务质量各分层验证模型修正后的拟合指标

模型（n=3143）	X^2	df	X^2/df	RMSEA	GFI	AGFI	NFI	CFI	IFI	RFI
1a 主维度验证模型	9.578	5	1.916	.017	.999	.996	.999	1.0	1.0	.997
1b 子维度验证模型	72.29	31	2.332	.021	.996	.990	.995	.997	.997	.989
1c 总体模型验证	9.578	5	1.916	.017	.999	.996	.999	1.0	1.0	.997
拟合推荐值			< 3	<0.08	>0.9	>0.8	>0.9	>0.9	>0.9	>0.9

根据模型拟合结果，本研究认为移动图书馆服务质量的三层多维测评模型得到实证数据的有力支持。移动图书馆服务质量由"功能质量""技术质量"和"用户关怀质量"三个主维度组成，其中"功能质量"由"功能丰富性"和"功能适用性"两个子维度组成；"技术质量"由"易学易用性"和"安全稳定性"两个子维度组成；"用户关怀质量"由"支持用户参与"和"支持个性化"两个子维度组成。用户会在"功能质量""技术质量"和"用户关怀质量"三个主维度的基础上对总的移动图书馆服务质量做出判断，移动图书馆服务质量可作为三个主维度的共享方差。

第四章　移动图书馆服务质量感知差异性实证

由于不同特征的用户在需求的表现上有所不同，且受到使用目的、使用环境、使用能力等多因素影响，用户对移动图书馆的服务质量感知是存在差异的，不同用户群的感知差异性是导致用户满意度不同的根源[1]。对用户进行感知调查，发现不同特征的用户对服务评价的差异，有助于根据差异程度提出更精细的、更具有针对性的、更合理客观的、更全面的服务改善建议[2]。从用户感知差异的角度去探讨服务质量有助于深化理解用户与移动图书馆服务质量的关系，得出客观而全面的服务建议，对于及时改进和完善移动图书馆服务，满足用户多样化的需求，提升用户对服务质量的感知，增强用户使用移动图书馆的意愿，提高用户满意度有着重要的意义。

一、差异性分析方法选择

目前，移动图书馆服务质量研究领域的用户感知差异分析研究成果比较鲜见，近似的研究成果主要集中于图书馆整体服务质量感知领域[3][4]，且

---

① Flint D J, Woodruff R B, Gardial S F. Customer value change in industrial marketing relationships: A call for new strategies and research[J]. Industrial Marketing Management, 1997, 26（2）:163-175.

② 施谊，杨顺勇．上海世博会社会影响感知的性别差异分析 [J]. 华东经济管理，2011（4）:1-4.

③ 胡秀梅贾哲．基于差异显著性检验的图书馆服务质量评估方法探析 [J]. 图书情报工作，2012, 56（1）：78-81.

④ 施国洪，曾丽，陈敬贤．基于象限分析法的图书馆服务质量模型的差异性分析—SERVQUAL 和 LIBQUAL⁺™ 在中国图书馆的应用 [J]. 图书馆建设，2010（5）：43-46.

差异性分析方法单一，对于不同类型用户的服务质量感知差异识别能力稍弱。基于这样的认识，本书尝试使用多种分析方法来全面识别用户感知的移动图书馆服务质量差异，以期为移动图书馆服务质量改进及分类推广提供详翔的数据支持。

在用户感知的差异性分析方面，研究者们使用了多种方法进行探索。如象限分析法[①]、卡方检验[②]和独立样本T检验法[③]、聚类分析法[④]等。但由于单一分析法会受到研究对象和数据样本来源的影响，有时可能不能全面分析用户的差异性特征。综合学者们的研究，并向从事统计分析研究的专家咨询，本研究最终拟定组合使用多种方法来分析移动图书馆服务质量的用户感知差异。

①使用一般统计检验方法进行数据的初步分析。具体有：使用卡方检验分析方法，比较用户的个体的差异。使用描述性统计方法，以揭示数据分布特性，使用推断性统计方法，通过样本观察值的统计分析，推断该组样本数据所代表的总体特征，通过 T 检验和方差分析。

进行差异检验，找出对该移动图书馆服务质量有显著影响的因素，各因素之间的交互作用，以及显著影响因素的最佳水平等。对于分组变量的水平数值在三个以上的数据，若方差分析呈现的 F 值达到显著（$p<0.05$），使用 Tamhane's T2 方法进行事后比较，若 F 值未达到显著，则采用 LSD 方法进行事后比[⑤]。

②使用象限分析法弥补方差分析在差异性分析的不足。依托统计检验分析判定是否存在差异的基础上，进一步得出各观测维度的感知差异。从

① 金更达. 图书馆服务质量评价实现探讨 [J]. 大学图书馆学报，2002（3）：49-54.

② 高春玲，卢小君，郑永宝. 基于个体特征的用户移动阅读行为的差异分析——以辽宁师范大学师生为例 [J]. 图书馆情报工作，2013，57（9）：70-74.

③ 王逸鸣，封世蓝. 新媒介环境下大学生阅读行为差异性分析——以北京地区六所重点高校为例 [J]. 中国编辑，2015（3）：33-38.

④ 万映红，李江，崔亮亮. 银行互动渠道的顾客价值维度差异性分析 [J]. 预测，2006，25（1）：42-46，71.

⑤ 吴明隆. 问卷统计与分析实务——SPSS 操作与应用 [M]. 重庆：重庆大学出版社，2010：332-356.

重要性和满意度两个属性视角，对用户感知的移动图书馆服务质量进行关联分析，从而直观地将用户的感知差异表现出来。对于重要性的计算，可以运用 SPSS 统计软件中的因子分析，然后运用主成分分析方法得出各指标相对于整体的权重，再根据权重大小分别赋值。根据用户的感知计算出表3-9中移动图书馆服务质量6个子维度的得分，再根据得分由小到大分别给各个指标赋值，根据得到的每个维度权重和得分的值，以权重为纵轴，得分为横轴做象限图。

③使用聚类分析法，总结用户的类型。根据研究对象之间的相似性测度结果，对研究对象进行分类。它把性质相近的个体归为一类，使得同一类中的个体具有高度的同质性，不同类之间的个体具有高度的异质性。

二、数据来源及可靠性分析

2014—2015 年间，笔者使用课题组前期所构建的移动图书馆服务质量测评量表对国内的移动图书馆用户进行了用户调查。本次采用有奖调研的方式，联合了国内主要移动图书馆服务平台服务商，北京、上海、南京、广州、成都等地多所重点高校图书馆，部分一线和二级城市公共图书馆进行用户调研，涉及超星移动图书馆用户、书生移动图书馆用户、乐致安移动图书馆用户、自建移动图书馆平台的用户等。问卷采用李克特5级量表，使用了 Word 版问卷和在线问卷（支持移动设备）调研，共收集到问卷47864份，剔除数据缺项和同一评分的无效的问卷之后，最终获得40149份作为分析样本。样本涵盖了北京、上海、江苏、浙江、广东、湖北、山东、河南、河北、陕西、黑龙江、辽宁、吉林、重庆、四川、贵州16个直辖市省份，囊括了常见的哲学、历史、社会学、心理学、新闻学、英语、工商管理、行政管理、信息管理与信息系统、计算机、医学、数学、土木工程、生物学、图书馆学、情报学、影视学、戏剧管理、珠宝鉴定等专业，问卷样本的基本情况如表4-1所示，具有一定的代表性。

对40149份数据做卡方检验和基本的均值和方差分析，如表4-2所示，我们发现，从均值来看用户对于移动图书馆六个子维度的感知，均值在3.9在4.4之间，其中对于TAQ、TSQ的评价最高，满意度较好，卡方检验得出移动图书馆服务质量的六个子维度属性得到的P值都小于0.05，可以认为用户整体对服务质量各观测项感知存在差异，表示用户对于这六个子维度的样本满意度选择次数存在不同，数据具有一定的合理性。从方差和标准差来看，用户调查数据波动均处在合理的区间。

表4-1　移动图书馆服务质量感知差异调查的样本描述

男	理工	文史	生命/医学	金融/经济	管理	其他
50.97%	33.54%	30.65%	8.48%	7.69%	9.96%	9.68%
女	每周1次以下	每周2次以上	每天使用	1个月以下	1-6个月	半年以上
49.02%	55.55%	24.29%	20.15%	55.59%	28.80%	15.62%
低年级本科生	高年级本科生	高校研究生	高校教职工	企事业员工	公务员	其他
49.88%	32.91%	9.76%	1.95%	2.54%	0.38%	2.56%

表4-2　移动图书馆服务质量感知差异调查样本的基本统计检验

	均值	标准差	方差	卡方检验		
				卡方	Df	渐近显著性
功能丰富（FAQ）	4.04	.723	.524	33950.306[a]	16	0.000
功能适用性（FSQ）	3.92	.822	.676	25188.867[b]	12	0.000
易学易用（TAQ）	4.32	.688	.474	66765.384[a]	16	0.000
安全稳定性（TSQ）	4.22	.750	.563	53683.502[c]	20	0.000
支持用户参（CPQ）	4.05	.791	.625	37304.519[c]	20	0.000
支持个性化（CIQ）	4.05	.828	.687	37666.880[a]	16	0.000

三、用户服务质量感知的差异性分析

（一）性别差异分析

1. 推断性统计分析

在所调查的所有样本中，男性有 20466 人，女性有 19863 人，对样本数据的统计描述、独立样本 t 检验的结果如表 4-3 所示。

表 4-3　性别对移动图书馆服务质量感知差异影响分析

检验变量	方差方程的Levene 检验		统计描述				t 检验	
	F 值	P 值	性别	样本数	均值	标准差	t 值	p 值
功能丰富性（FAQ）	4.823	0.028	男	20466	4.040	0.719	−1.293	0.196
			女	19683	4.049	0.728		
功能适用性（FSQ）	0.392	0.531	男	20466	3.903	0.818	−4.871	0.000
			女	19683	3.943	0.826		
易学易用性（TAQ）	0.284	0.594	男	20466	4.281	0.687	−12.957	0.000
			女	19683	4.369	0.687		
安全稳定性（TSQ）	7.838	0.005	男	20466	4.183	0.741	−10.109	0.000
			女	19683	4.258	0.758		
支持用户参与（CPQ）	46.832	0.000	男	20466	4.033	0.772	−3.326	0.001
			女	19683	4.059	0.809		
支持个性化（CIQ）	34.639	0.000	男	20466	4.030	0.816	−4.941	0.000
			女	19683	4.071	0.842		

观察表 4-3，从方差的齐性检验（Levene 检验）结果来看，除了"功能适用性""易学易用性"这两个子维度外，其余维度的双尾概率 p 值小于 0.05，达 0.05 显著水平，说明"功能丰富性""安全稳定性""支持用户参与""支持个性化"这四个维度拒绝接受方差齐性假设，选择不假设方差相等的 t 值，"功能适用性""易学易用性"这两个维度具有方差齐性，

选择假设方差相等的 t 值。

分析 t 检验结果，"功能适用性""易学易用性""安全稳定性""支持用户参与""支持个性化"这五个维度的双尾概率 p 值都小于 0.05，达 0.05 显著水平，这说明男女用户对这五个维度的感知存在显著差异，性别是影响感知的重要因素。从 t 值均为负值来看，女性感知的质量数值要高于男性，其中 t 值越大表明差异越大，从表中得出男女感知差异最大的为易学易用性（TAQ）和安全稳定性（TSQ）。

2. 象限分析结果

运用 SPSS 工具，根据主成分分析法，我们用户对服务质量各观测维度的重要性判断，并根据用户的感知评分得到满意度，作象限分析图，见图 4–1。

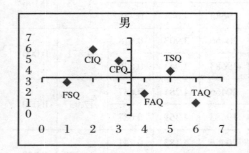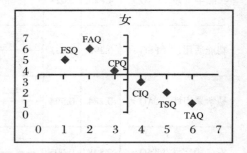

图 4–1　用户性别对移动图书馆服务质量的感知差异

从图 4–1 可以看出，除推断性统计所认可的 5 个子维度存在差异外，象限分析结果认为"功能丰富性（FAQ）"也是存在差异的。综合对比来看，男女用户对于 TAQ（易学易用性）的感知差异较小，且都整体满意度较高，对 FSQ（功能适用性）感知有差异，但都不太满意。男性用户群体对移动图书馆服务质量的整体满意度相对于女性用户群体低。男性用户更关注移动图书馆平台中"支持用户参与（CPQ）"和"支持个性化（CIQ）"，对移动图书馆服务平台中支持个性化（CIQ）质量感到不满。而女性用户则更加重视移动图书馆服务平台中功能，与此相关的 FAQ（功能丰富性）、FSQ（功能适用性）被女性用户认为比较重要，并认为现有移动图书馆服务平台在此方面不能令女性用户满意。

（二）用户的所属学科差异性

1. 推断性统计

为增强差异性分析结果的可用性，将表4-1中所涉及的用户所在学科依理工类、文史类和其他综合类进行了归并，并重点选择理工类用户包括计算机、数学、土木工程、生命/医学、其他等（20759）、文史类用户包括哲学、历史、社会学、心理学、金融/经济、管理等学科（19390）进行差异性分析，结果如表4-4所示。

表4-4 用户所属学科对移动图书馆服务质量感知差异影响分析

检验变量	方差方程的 Levene 检验		统计描述				t 检验	
	F 值	P 值	使用频率	样本数	均值	标准差	t 值	p 值
功能丰富性（FAQ）	9.744	.002	理工	20759	4.047	0.716	0.858	0.390
			文史	19390	4.041	0.731		
功能适用性（FSQ）	.317	.573	理工	20759	3.906	0.824	-4.025	0.000
			文史	19390	3.939	0.821		
易学易用性（TAQ）	.190	.663	理工	20759	4.313	0.691	-3.427	0.001
			文史	19390	4.336	0.686		
安全稳定性（TSQ）	4.964	.026	理工	20759	4.225	0.745	1.424	0.154
			文史	19390	4.214	0.756		
支持用户参与（CPQ）	5.188	.023	理工	20759	4.042	0.783	-0.888	0.374
			文史	19390	4.049	0.799		
支持个性化（CIQ）	3.404	.065	理工	20759	4.031	0.837	-4.916	0.000
			文史	19390	4.071	0.820		

观察表4-4，从表中的齐次性检验结果看，FAQ（功能丰富性）、TSQ（安全稳定性）、CPQ（支持用户参与）三个维度的显著性概率小于0.05，达到0.05显著水平，拒绝接受方差齐次性的假设。进一步分析t检验结果，FSQ（功能适用性）和TAQ（易学易用性）、CIQ（支持个性化）这三个维

度的 p 值均小于0.05，达0.05显著水平，且 t 值小于0，表明文史类用户的感知高于理工类用户，且差异最大的是支持个性化和功能适用性这两个维度。总体来看，学科背景不同的用户对于移动图书馆服务质量的感知存在一定的差异。

2. 象限分析

运用 SPSS 工具，根据主成分分析法，我们得到了理工类、文史类用户对服务质量各观测维度的重要性判断，并根据用户的感知评分，以服务质量得分为横轴，指标权重为纵轴作象限分析图，见图4-2。

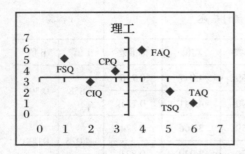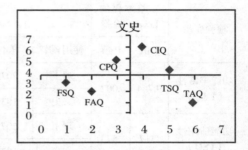

图4-2　用户所属学科对移动图书馆服务质量的感知差异

从图4-2可以看出，通过象限分析法，我们可以看出不同学科用户对测评子维度普遍存在感知差异，但不同学科用户对 TAQ（易学易用性）感知差异较小，且都整体比较满意。对于 FSQ（功能适用性）有差异，但都比较不满意。文史科的用户以及其他学科的用户比理工科的用户的整体满意度高。理工科用户比较重视移动图书馆服务平台中与功能有关的属性（FAQ（功能丰富性）、FSQ（功能适用性），但这两个比较重要的观测子维度中，对 FSQ（功能适用性）质量感知是不能令人满意的。而文史类用户则更加重视 CIQ（支持个性化）CPQ（支持用户参与）这两个维度，但这两者表现尚在可接受范围之内。

（三）使用频率对用户感知差异的影响

1. 推断性统计

使用经验与用户的使用频率密切关联。以被调查用户使用移动图书馆的频率为依据，将样本分为三个组，即经验少的用户（每周使用1次及以下）、经验一般的用户（每周2次以上）、经验丰富的用户（每天都使用），观察不同使用经验对服务质量感知的差异，对感知的6个子维度做简单因素方差分析，分析结果见表4-5。

观察表4-5，从表中的齐次性检验结果看，移动图书馆服务质量的六个维度中除了TAQ（易学易用性）外，其他子维度的显著性概率均小于0.05，达到0.05显著水平，拒绝接受方差齐次性的假设，表明三类用户群体的感知存在差异。方差分析结果表明，六个维度的p值均小于0.05，说明使用频率不同的用户对于移动图书馆服务质量的感知存在显著差异。

表4-5　用户使用频率对移动图书馆服务质量感知差异影响分析

检验变量	方差方程的 Levene 检验		统计描述				ANOVA	
	F 值	P 值	使用频率	样本数	均值	标准差	t 值	p 值
功能丰富性（FAQ）	35.447	.000	每周 1 次及以下	22304	4.018	0.742	35.590	.000
			每周 2 次以上	9754	4.069	0.690		
			每天使用	8091	4.088	0.708		
功能适用性（FSQ）	9.825	.000	每周 1 次及以下	22304	3.920	0.831	26.161	.000
			每周 2 次以上	9754	3.884	0.807		
			每天使用	8091	3.974	0.815		
易学易用性（TAQ）	.602	.548	每周 1 次及以下	22304	4.313	0.687	14.376	.000
			每周 2 次以上	9754	4.320	0.689		
			每天使用	8091	4.360	0.691		
安全稳定性（TSQ）	6.348	.002	每周 1 次及以下	22304	4.180	0.754	70.954	.000
			每周 2 次以上	9754	4.259	0.738		
			每天使用	8091	4.280	0.749		
支持用户参与(CPQ)	3.142	.043	每周 1 次及以下	22304	4.045	0.792	5.636	.004
			每周 2 次以上	9754	4.028	0.779		
			每天使用	8091	4.067	0.800		

续表

检验变量	方差方程的 Levene 检验		统计描述				ANOVA	
	F 值	P 值	使用频率	样本数	均值	标准差	t 值	p 值
支持个性化（CIQ）	14.055	.000	每周 1 次及以下	22304	4.079	0.813	37.541	.000
			每周 2 次以上	9754	3.993	0.835		
			每天使用	8091	4.040	0.860		

考虑到对比的用户群体分组为三组，为了进一步对比三组用户群体彼此之间的差异，所以做进一步的分析，又因 TAQ（易学易用性）该维度接受方差齐次性的假设，因此进一步做多重比较，采用 LSD 方法检验，而其他五个维度拒绝接受方差齐次性检验，则采用 Tamhane's T2 方法，检验各组均值是否存在显著差异，结果见表4-6。

表 4-6　用户使用频率对服务质量感知多重比较结果

变量	检验方法	原始组	对比组	差异值
功能丰富性（FAQ）	Tamhane's T2	每周 2 次以上	每周 1 次及以下	.051*
		每天使用	每周 1 次及以下	.071*
功能适用性（FSQ）	Tamhane's T2	每周 1 次及以下	每周 2 次以上	.036*
		每天使用	每周 1 次及以下	.053*
			每周 2 次以上	.089*
易学易用性（TAQ）	LSD	每天使用	每周 1 次及以下	.047*
			每周 2 次以上	.041*
安全稳定性（TSQ）	Tamhane's T2	每周 2 次以上	每周 1 次及以下	.079*
		每天使用	每周 1 次及以下	.010*
支持用户参与（CPQ）	Tamhane's T2	每天使用	每周 2 次以上	.040*
支持个性化（CIQ）	Tamhane's T2	每周 1 次及以下	每周 2 次以上	.086*
			每天使用	.040*
		每天使用	每周 2 次以上	.047*

注：多重比较仅列出在0.05水平下存在显著差异的对比组结果

观察表4-6，使用经验的不同对于用户感知移动图书馆服务质量是存在差异的。根据差异值的大小可以判定三个群体之间差异的大小，表4-6中，对于FSQ（功能适应性）、TAQ（易学易用性）两个属性的感知，经验丰富（每天都使用）的用户高于另外两组群体的用户。对于FAQ（功能丰富性）、TSQ（安全稳定性）这两个属性的感知，经验少（每周使用1次及以下）的用户低于另外两组群体。对于CPQ（支持用户参与）、CIQ（支持个性化）这两个属性的感知经验多的用户（每天使用）高于经验一般的用户（每周两次以上）。

综合方差分析和多重比较结果，笔者认为用户的使用频率对移动图书馆平台服务质量相关的变量存在显著差异影响，6个观测子维度因用户使用频率的不同在服务质量的感知方面存在差异，用户的使用频率是影响感知的重要因素。

2. 象限分析

运用SPSS工具，根据主成分分析法，我们得到了使用频率不同的用户对服务质量各观测维度的重要性判断，并根据用户的感知评分，作象限分析图，见图4-3。

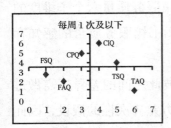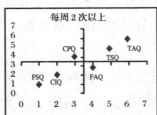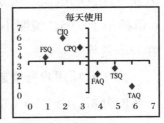

图4-3 用户使用频率对移动图书馆服务质量的感知差异图

综合图4-3象限分析图来看，用户感知差异是普遍存在的。使用频率不同的用户对TAQ（易学易用性）、TSQ（功能适用性）的满意度都较好。经验少（每周使用1次及以下）的用户和经验丰富（每天都使用）用户对移动图书馆服务质量感知相对接近。而经验一般（每周使用2次以上）的用户与前两组在质量感知上差异较大。对于TAQ（易学易用性），经验少的用户和经验丰富用户感知差异较小。从对服务质量的整体满意度来看，经验少用户和经验丰富用户满意度都高于经验一般的用户。从重要性视角看，经验少用户和经验丰富用户更重视 CIQ（支持个性化）、CPQ（支持用户参与）这两个属性的服务，而经验一般的用户认为 TAQ（易学易用性）、TSQ（安全稳定性）更为重要。

（四）不同地区或机构用户的差异性

对于地区用户的感知差异性分析，主要选择了北京、上海、广州、南京、武汉、重庆、成都、西安等城市进行统计检验分析，但统计检验分析和象限分析均无明显差异。所以本项主要从用户所属机构视角进行差异性分析。

1. 推断性统计

将被调查者按照所在的机构可以分为高校图书馆和公共图书馆，其中高校图书馆又进一步分为211大学用户、985大学的用户、普通大学的用户。共将被调查者分为四组，然后对移动图书馆服务质量的六个维度得分做简单因素方差分析，分析结果见表4-7。

观察表4-7，从齐次性检验的结果看，除了 FAQ（功能丰富性），移动图书馆服务质量的五个维度 p 值均小于0.05，达显著性水平，拒绝接受方差齐次性的假设。从方差分析结果看移动图书馆服务质量六个子维度的 p 值都小于0.05，说明不同机构的用户对于移动图书馆服务质量的感知存在显著差异。

由于此项用户分类超过3组，探知用户群体彼此之间的差异还需做进一步的分析，因 FAQ（功能丰富性）该维度接受方差齐次性的假设，因此进一步做多重比较，采用 LSD 方法检验，而其他五个维度拒绝接受方差齐次性检验，则采用 Tamhane's T2方法，检验各组均值是否存在显著差异，结果见表4-8。

表 4-7　不同机构的用户对移动图书馆服务质量感知差异影响分析

检验变量	方差方程的Levene 检验		统计描述				ANOVA	
	F 值	P 值	使用频率	样本数	均值	标准差	t 值	p 值
功能丰富性（FAQ）	0.455	0.714	211 大学	5254	4.051	0.699	7.259	0.000
			985 大学	3906	4.070	0.708		
			普通大学	3943	4.037	0.723		
			公共图书馆	361	3.895	0.686		
功能适用性（FSQ）	6.065	0.000	211 大学	5254	3.883	0.811	17.971	0.000
			985 大学	3906	3.861	0.815		
			普通大学	3943	3.919	0.816		
			公共图书馆	361	3.598	0.943		
易学易用性（TAQ）	3.601	0.013	211 大学	5254	4.339	0.672	8.852	0.000
			985 大学	3906	4.354	0.650		
			普通大学	3943	4.319	0.685		
			公共图书馆	361	4.172	0.729		
安全稳定性（TSQ）	3.921	0.008	211 大学	5254	4.225	0.730	11.638	0.000
			985 大学	3906	4.243	0.717		
			普通大学	3943	4.209	0.759		
			公共图书馆	361	4.008	0.762		
支持用户参与（CPQ）	3.251	0.021	211 大学	5254	4.035	0.775	15.512	0.000
			985 大学	3906	4.014	0.763		
			普通大学	3943	4.026	0.794		
			公共图书馆	361	3.747	0.819		

检验变量	方差方程的Levene 检验		统计描述				ANOVA	
	F 值	P 值	使用频率	样本数	均值	标准差	t 值	p 值
支持个性化（CIQ）	6.882	0.000	211 大学	5254	4.043	0.806	25.854	0.000
			985 大学	3906	4.028	0.812		
			普通大学	3943	4.033	0.837		
			公共图书馆	361	3.652	0.931		

多重比较结果来看，对于 TAQ（易学易用性）、TSQ（安全稳定性）、CPQ（支持用户参与）、CIQ（支持个性化）这四个属性的感知公共图书馆用户的满意度低于其他三组群体（211大学、985大学、普通本科）。对于 FAQ（功能丰富性）、FSQ（功能适应性）这两个属性的感知从整体上来看，高校图书馆用户的满意度高于公共图书馆用户，但不同类型的高校图书馆之间也存在差异，对于 FAQ（功能丰富性）985大学的用户高于普通本科的用户，而 FSQ（功能适用性）的感知普通本科大学的用户高于985大学的用户。

表 4-8 不同机构的用户对服务质量感知多重比较结果

检验变量	检验方法	原始组	对比组	差异值
功能丰富性（FAQ）	LSD	211 大学	公共图书馆	.157*
		985 大学	普通本科	.033*
			公共图书馆	.175*
		普通本科	公共图书馆	.142*
功能适用性（FSQ）	Tamhane's T2	211 大学	公共图书馆	.285*
		985 大学		.262*
		普通本科	985 大学	.058*
			公共图书馆	.320*

续表

检验变量	检验方法	原始组	对比组	差异值
易学易用性 （TAQ）	Tamhane's T2	211大学	公共图书馆	.166*
		985大学		.182*
		普通本科		.147*
安全稳定性 （TSQ）	Tamhane's T2	211大学	公共图书馆	.217*
		985大学		.235*
		普通本科		.202*
支持用户参 与（CPQ）	Tamhane's T2	211大学	公共图书馆	.287*
		985大学		.267*
		普通本科		.279*
支持个性化 （CIQ）	Tamhane's T2	211大学	公共图书馆	.391*
		985大学		.376*
		普通本科		.382*

注：多重比较仅列出在0.05水平下存在显著差异的对比组结果

综合方差分析和多重比较结果，笔者认为用户的所属机构对移动图书馆平台服务质量相关的变量存在显著差异影响，6个观测子维度因用户机构的不同在服务质量的感知方面存在差异，用户的所属机构是影响感知的重要因素，整体上高校图书馆的用户满意度高于公共图书馆用户。

2. 象限分析

运用 SPSS 工具，根据主成分分析法，我们得到了不同机构用户对服务质量各观测维度的重要性判断，并根据用户的感知评分，作象限分析图，见图4-4。

从图4-4综合分析可知，不同机构的用户对移动图书馆服务质量的感知存在差异，985大学的用户与另外三种群体的用户之间存在显著差异，四种用户群体对于 TAQ（易学易用性）、TSQ（安全稳定性）两个属性的感知不存在差异，对于 FAQ（功能丰富性）、FSQ（功能适用性）985大学的用户给予的权重更高，而 CIQ（支持个性化）CPQ（支持用户参与）其他三类用户则更为重视，但高校图书馆用户对于 FSQ（功能适用性）和 CPQ（支持用户参与）的满意度最低，公共图书馆用户对于 FSQ（功能适用性）、CIQ（支持个性化）的满意度最低，高校图书馆馆的用户对于支持用户参与的需求较大，学生希望通过与系统平台以及用户间的互动来得到更好的服务，而公共图书馆用户相对高校图书馆用户，个性化服务的需求较大，希望移动图书馆系统或平台在检索、展示方面允许用户根据自己的理解进行自我偏好定制。

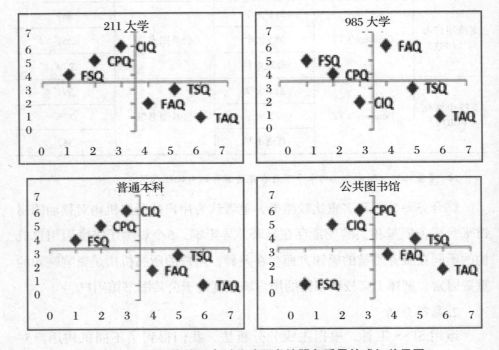

图 4-4　不同机构的用户对移动图书馆服务质量的感知差异图

四、用户聚类分析

将6个观测维度的因素变量作为聚类变量，进行用户聚类分析。运用 SPSS20.0统计软件工具，根据分类数确定准则以及聚类中心之间的差异显著性检验，经过多次尝试，将分类数定为3，其中1类涉及样本16127人，2类涉及样本5112人，3类涉及样本18910人。K-Means Cluster 采用欧氏距离计算法对研究对象进行相似性测度；最后结合问卷中用户对服务质量维度满意程度进行打分的差异性来命名并解释三类用户群体的特征。由各类之间的差异显著性检验可知：所选的变量能很好地反映和区分各类的差异性，因为显著性检验值均小于0.001。

　　最后以调查价值维度重要程度评分数据为基础，得出三类用户群体在各个维度上的期望均值及其同用户群体各维度上差异表现（见图4-5），并把三类用户群命名为：奢望型用户（最上端）、期待型用户（中间）、易满足型用户（最下端）。

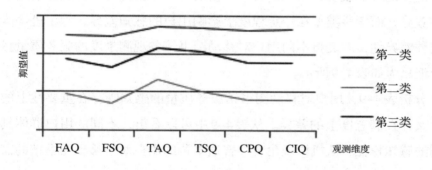

图4-5　三类用户群体的移动图书馆期望重要性差异图

　　奢望型用户的主要特征为：此类用户的自我感知意识很强，满意度的评价基准水平高，他们希望移动图书馆提供更多的资源服务、支持用户参与以及支持用户个性化服务，尤其是功能的适用性服务，以便他们提出的需求可以得到及时准确的满足，他们更注重的是功能服务是否满足自己的需求和功能适用的程度。

　　期待型用户的主要特征：此类用户也有着自己的满意度基准，服务质量的感知值在3.7—4.1之间，在移动图书馆基础功能服务良好的情况下，对于功能适应性和支持用户参与具有更高的要求（如图均值较低的点），注重自身的体验以及自己参与平台的程度。

　　易满足型用户特征：此类用户对于服务质量较为宽容，该类用户需求较其他两类用户偏低一些，他们对于移动图书馆目前提供的服务较为满意，他们比较关注的是服务质量的结果是否满足要求，而对于服务的过程和及时性的要求较低，另外移动图书馆可以在该类用户满意度相对低的价值维度（即功能服务：功能丰富性和适用性）上稍做努力和投入就很容易提高用户的感知价值从而大大增强用户的整体满意度。

五、结果讨论

（一）移动图书馆服务质量的感知差异普遍存在

前文的分析表明，用户的性别、使用经验和机构属性普遍影响用户的感知差异，而学科类型在一定程度上影响用户的感知差异。为了进一步理清这种差异性，本文将不同用户对移动图书馆各观测维度的服务质量感知差异汇总为如表4-9所示。

分析表4-9，用户对移动图书馆服务质量的感知既存在重要性上的差异，又存在满意度上的差异。从表4-9中可以看出，不同的用户群体具有不同的感知特征，从机构视角看，普通本科的用户对于移动图书馆的需求主要集中在基础资源上，符合易满足型用户的特征。而211、985大学的用户需求则更深入，属于期望型用户。在本次研究中，我们发现，公共图书馆用户类型可列入奢望型，究其原因，这可能与公共图书馆用户的复杂群体有关。公共图书馆用户来源多样化，学历、职业、认知程度也存在较大不同，导致其对资源的需求多元化[1]，且更注重使用资源的效率，满意度的心理评价基准水平高。用户的感知差异分析有助于细分移动图书馆服务市场，开展有针对性的服务是趋势，更是必须。

---

① 张秀芬. 新时期公共图书馆用户分析 [J]. 科技情报开发与经济，2013，23（24）：57-58,80.

表 4-9 不同用户对移动图书馆服务质量感知差异聚类汇总表

分类特征	具体属性	差异性	聚类特征
性别	男	1.感知的移动图书馆服务质量整体满意度相对低一些 2.认为 CIQ（支持个性化）、CPQ（支持用户参与）更为重要 3.对 FSQ（功能适用性）、CIQ（支持个性化）不满	期望型
	女	1.感知的移动图书馆服务质量整体满意度相对高一些 2.更重视 FAQ（功能丰富性）、FSQ（功能适用性）的服务 3.对 FAQ（功能丰富性）、FSQ（功能适用性）不满	
使用经验	初级用户	1.感知的移动图书馆服务质量的整体满意度相对较高一些 2.更重视 CIQ（支持个性化）CPQ（支持用户参与）这两个属性的服务 3.比较不满的是：FSQ（功能适用性）、FAQ（功能丰富性）	易满足型
	中级用户	1.感知的移动图书馆服务质量的整体满意度相对较低一些 2.认为 TAQ（易学易用性）、TSQ（安全稳定性）更为重要 3.比较不满的是：FSQ（功能适用性）、CIQ（支持个性化）	期望型
	高级用户	1.感知的移动图书馆服务质量的整体满意度相对较高一些 2.更重视 CIQ（支持个性化）CPQ（支持用户参与）这两个属性的服务 3.比较不满的是：FSQ（功能适用性）、CIQ（支持个性化）	
所属学科	理工类	1.感知的移动图书馆服务质量整体满意度低 2.重视 FAQ（功能丰富性）、FSQ（功能适用性） 3.比较不满的是：FSQ（功能适用性）、CIQ（支持个性化）	期望型
	文史类	1.感知的移动图书馆服务质量整体满意度高 2.认为 CIQ（支持个性化）CPQ（支持用户参与）更加重要 3.比较不满的是：FSQ（功能适用性）、FAQ（功能丰富性）	
所属机构	211大学	1.感知的移动图书馆服务质量整体满意度高 2.重视 CIQ（支持个性化）CPQ（支持用户参与）服务 3.比较不满的是：FSQ（功能适用性）、CPQ（支持用户参与）	期望型
	985大学	1.感知的移动图书馆服务质量整体满意度高 2.重视 FAQ（功能丰富性）、FSQ（功能适用性）服务更为重要 3.比较不满的是：FSQ（功能适用性）、CPQ（支持用户参与）	
	普通本科	1.感知的移动图书馆服务质量整体满意度最高 2.重视 CIQ（支持个性化）CPQ（支持用户参与） 3.比较不满的是：FSQ（功能适用性）、CPQ（支持用户参与）	易满足型
	公共图书馆	1.感知的移动图书馆服务质量整体满意度低 2.重视 CIQ（支持个性化）CPQ（支持用户参与）服务 3.比较不满的是：FSQ（功能适用性）、CIQ（支持个性化）	奢望型
所属地区		基本无差异	

（二）重视以服务推广为核心的移动图书馆服务宣传

用户培训和服务推广是提升服务质量感知水平的重要支撑。从本文的分析来看，不同分类视角下的用户划分对于 TAQ（易学易用性）、TSQ（安全稳定性）感知差异均不大，且普遍都觉得满意，这说明移动图书馆平台在可用性方面都赢得了用户的认可，因此移动图书馆宣传的着力点是服务推广上，即鼓励更多的用户认知并使用移动图书馆平台。本次差异性分析表明，男性群体、理工类群体、中级用户（每周使用2次左右）群体、公共图书馆用户群体对移动图书馆服务质量的满意度相对低一些，而相对应的其他用户群体则相对高一些，这说明，服务推广应考虑用户对象，以便采用不同的推广方式。对于低满意度用户，可以多方位展示移动图书馆平台的资源特性，减少用户自我摸索时间，对于满意度相对高一些的用户群体，以活动激励为主，鼓励这些用户群体带动身边的同伴使用移动图书馆。

（三）移动图书馆服务平台的交互体验改进是服务质量的改进重点

综合用户的性别、学科、机构、使用经验所体现出感知差异，我们发现，在各种类型的差异性分析中，CIQ（支持个性化）、CPQ（支持用户参与）属于最受到重视的两类属性，差异性分析结果有7次被排在首位，对于现有的移动图书馆服务质量，用户的不满主要聚集于：功能观测维度和互动观测维度，具体来说，互动观测维度中的 CIQ（支持个性化）、CPQ（支持用户参与）是仅次于功能观测维度中 FSQ（功能适用性11）的最主要两类属性。因此，在提升信息资源适用于移动设备进行阅读的努力之外，图书馆可以联合移动图书馆服务商在用户交互方面多多着力，诸如结合用户的查询偏好，有针对性地进行个性化信息推荐、信息提醒和信息搜索服务。允许用户进行定制，创新阅读手段，丰富阅读功能。打通移动图书馆服务平台中资源的关联性，通过引入交互性、多媒体、超链接等一系列功能变被动阅读为主动阅读。

第五章　用户感知的移动图书馆服务质量对持续使用意愿影响研究

移动图书馆服务平台实质上是一种利用移动信息技术构建出的信息系统。用户一旦在观念上接受通过移动图书馆服务平台方式完成查询和利用图书馆及其信息资源的任务后，就存在能否持续使用的问题。本研究已构建并运用了用户感知的移动图书馆服务质量测评模型，并证明了用户对服务质量感知差异性是存在的。为进一步找准移动图书馆服务质量提升办法，本章将分析用户感知的移动图书馆服务质量对用户持续使用意愿的影响，并融入用户自我认知及其所处社会环境的影响因素进行合并分析。

一、移动图书馆服务质量感知与持续使用意愿关系的假设

（一）基于 S-O-R 的基本关系分析

移动图书馆服务的接受与使用行为符合行为主义心理学的刺激反应理论，即特定的刺激条件可以引发反应倾向，但这种反应倾向是有差异的，会随着不同的个体特征异及其所处环境而发生变化。刺激与行为之间还有一个中介变量，这个中介变量涵盖了主体的选择，接受，评价，加工等认知过程，这种行为反应的发生过程可以借鉴刺激－机体－反应模型（S-O-R

Model）来解释。

根据 F.D. Davis 创立的技术接受模型（Technology Acceptance Model, TAM）理论[①]，用户行为的发生要受到外部变量和用户认知的影响，其中用户对系统有用感知和易用感知对用户的态度和行为影响较大。V. Venkatesh 发展了 TAM 理论，形成了 TAM2[②] 和 TAM3[③] 模型。TAM2认为社会影响过程（主观规范、形象、经验和自愿性）以及认知工具性过程（工作相关性、产出品质和结果明确性）都会对用户行为产生显著影响。而 TAM3 则在锚定的影响因素分析的基础上，增加一些与"目标可用性"有关的调节因素考虑。A. Bhattacherjee 引入期望确认理论（Expectation Confirmation Model, ECM）分析用户持续使用行为的发生机理，将用户期望确认列入观测变量。W.H. DeLone 和 E.R. McLean[④] 从信息系统成功视角研究用户的使用行为，并分别考虑了信息质量、系统质量、服务质量（此处是狭义，主要指服务交互）对使用行为的影响[⑤]，还将用户感知的净收益列为观测变量。

综合来看，总结出来的与用户使用行为的已有模型体现了不断发展的认识过程，但将外部变量和用户对信息系统的认知的观测的视角都是相近的，都承认了用户认知在刺激与反应联结过程中的重要中介作用，这种中介作用在移动图书馆用户持续使用行为发生的过程也具有类似性。尽管部分模型还考虑了满意度与持续使用行为之间的关系，但考虑用户满意度还受到用户情感的影响，将另立章节，本章侧重于从认知的中介作用视角

① Davis F D. A Technology Acceptance Model for Empirically Testing New End-User Information Systems[D]. Mit Sloan School of Management, 1986: 24-26.

② Venkatesh V, Davis F D. A theoretical extension of the technology acceptance model: Four longitudinal field studies[J]. Management Science, 2000, 46（2）: 186–204.

③ Venkatesh V. Determinants of perceived ease of use: Integrating control, intrinsic motivation, and emotion into the technology acceptance model[J]. Information systems research, 2000, 11（4）: 342-365.

④ DeLone W H, McLean E R. Information systems success: The quest for the dependent variable[J]. Information systems research, 1992, 3（1）: 60-95.

⑤ DeLone W H, McLean E R. The DeLone and McLean model of information systems success: a ten-yearupdate[J]. Journal of management information systems, 2003, 19（4）: 9-30.

进行讨论分析。进一步归类和借鉴已有模型中的相关影响因素，我们认为移动图书馆的用户持续使用将会经历"情境刺激（Situated Stimulus）—服务认知（ServiceCognitions）（包括质量感知和价值感知）—行为准备（Behavioral responses）"心理历程，据此我们提出了如图5-1所示的移动图书馆持续使用意愿分析框架。

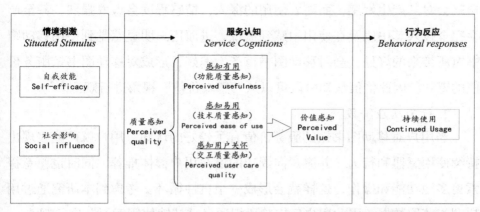

图5-1 以用户质量感知和价值感知为中介的移动图书馆持续使用分析框架

1. 情境刺激阶段

在这一阶段，由于用户对移动图书馆已经有了一定的了解和操作，而要继续使用移动图书馆，用户一方面会从评估自身是否具有足够的系统资源或者使用技能和技巧，如果用户觉得使用移动图书馆较为耗费精力等，则很有可能会不再使用。另一方面，由于人们会受到他人的影响，改变原有的个人信念、态度和行为意图，倘若用户感知到身边的人很多都在使用移动图书馆，则用户很有可能继续使用移动图书馆。受环境影响的刺激阶段可以从"自我效能""社会影响"两个视角去观测。

2. 服务质量感知阶段

当用户觉得自己有能力使用移动图书馆时，用户就会关注通过移动图书馆能解决哪些问题，以及如何解决，即功能需求匹配的感知有用程度和系统交互的感知易用程度。同时，在使用移动图书馆的过程中，用户必然会与移动图书馆平台、其他用户进行交互，这种交互所新形成的用户关怀质量感知，也会对用户持续使用移动图书馆产生作用。根据本研究所建立的移动图书馆服务质量测评模型，移动图书馆的服务质量认知可以从功能质量（感知有用）、技术质量（感知易用）和"用户关怀质量"（也就是用户在使用移动图书馆时感知交互质量）三个视角观测。

3. 价值感知阶段

如果用户感知到移动图书馆平台能够方便快捷地满足自己的需求，用户就会对其产生好感，而随着使用的深入，情感程度会愈发强烈，甚至产生完全投入其中以及在使用中感到愉悦。进而用户明显感觉到使用移动图书馆所带来的好处，会对移动图书馆产生偏好，形成对移动图书馆服务价值的感知。因此价值认知阶段可以从"感知价值"视角进行观测。

4. 行为反应阶段

当用户对移动图书馆的服务价值有了较好的认知，用户就可能表现出持续使用意愿和行为，并愿意向周边的潜在用户群体推荐，同时也愿意探索更多地功能和操作，这样就会形成一个良性循环。考虑到本研究通过用户调查获取数据，因此用户反应阶段拟通过"持续使用意愿"进行观测。

（二）研究假设

在根据心理活动的层次递进提出理论框架和相应的影响因素后，需要进一步理清各个因素是如何作用来影响用户持续使用的。

1. 自我效能（Self-efficacy）

"自我效能"是个人对自身使用移动图书馆完成任务和解决需求的能力的感觉或评价，这一构念也被表述为"感知行为控制"。I. Ajzen[1]在其计划行为理论中明确提出用户行为会受到个体能力强度的影响。而A.Bhattacherjee[2]在扩展的期望确认持续使用模型中，认为自我效能积极影

---

① Ajzen I. The theory of planned behavior[J]. Organizational Behavior and Human Decision Processes, 1991（50）：179-211.

② Bhattacherjee A, Perols J, Sanford C. Information Technology Continuance: A Theoretic Extension and Empirical Test [J]. Journal of Computer Information Systems, 2008, 49（1）：17-26.

响持续使用意愿和行为。但 V.Venkatesh[1] 认为自我效能是感知易用的前置影响因素，但与感知有用没有直接的联系，因而提出假设如下：

假设1（H1）：用户的自我效能正向影响在使用移动图书馆时的感知易用；

假设2（H2）：用户的自我效能正向影响在使用移动图书馆时感知的用户关怀质量；

2. 社会影响（Social influence）

"社会影响"是指个体感受到的他人认为自己是否应该从事该行为的重要程度，也有使用"主观规范"或者"感知流行性"。主观规范表示的是个人受到的规范信念与个人的依从动机。有研究表明，81% 的消费者会通过社交网络寻求朋友和家人的建议，而将近74% 的消费者表示依赖朋友、家人等的态度来引导自身的购买行为[2]。使用者会将对自己非常重要的人的信念内化为自己的信念，从而显著提高对感知有用的认同[3]，同时社会影响被当作是行为意愿的直接决定因素[4]。

假设3（H3）：社会影响正向影响用户在使用移动图书馆时的感知有用；

假设4（H4）：社会影响正向影响用户在使用移动图书馆时感知的用户关怀质量；

3. 感知易用（Perceived ease of use）

感知易用是用户与信息系统交互的重要属性。如果系统界面不够友好的话，那么尽管系统的实现技术非常优秀、与工作的适配程度也很高，用户登录后也就是短暂的停留，不会有持续性使用行为。同时系统的易用既能够方便快捷地帮助满足用户的功能需求，也很容易让用户有一个愉悦的

---

① Venkatesh V. Determinants of perceived ease of use: Integrating control, intrinsic motivation, and emotion into the technology acceptance model[J]. Information systems research, 2000, 11（4）: 342-365.

② Indvik L. The 7 Species of Social Commerce[EB/OL]. [2016-10-10]. http://mashable.com/2013/05/10/social-commerce-definition/#23LRGCkCGOqT.

③ 甘春梅, 宋常林. 基于 TAM 的移动图书馆采纳意愿的实证分析 [J]. 图书情报知识, 2015（3）: 66-71.

④ Venkatesh V, Thong J Y L, Xu X. Consumer acceptance and use of information technology: extending the unified theory of acceptance and use of technology [J]. MIS quarterly, 2012, 36（1）: 157-178.

使用过程。

假设5（H5）：感知易用正向影响用户在使用移动图书馆时的感知有用；

假设6（H6）：感知易用正向影响用户在使用移动图书馆时的用户关怀质量；

4. 感知有用（Perceived usefulness）

感知有用，即移动图书馆满足用户需求的功能匹配或功能满足。用户对移动图书馆越感知有用，表明用户越能通过使用移动图书馆增加工作、学习、生活表现，从而增强用户对移动图书馆的信任和依赖。F.D. Davis 在其著名的技术接受模型（Technology Acceptance Model, TAM）[①]中强调"感知有用性"会直接影响行为意向。因此我们得到如下假设：

假设7（H7）：感知有用正向影响用户对移动图书馆感知的用户关怀质量；

假设8（H8）：感知有用正向影响用户对移动图书馆的持续使用意愿；

5. 用户关怀质量（User care quality）

用户关怀质量的感知就是用户在服务平台上体验到的互动质量。从本质上来说，服务是一个过程。自 G.L.Shostack 在1985年使用"服务交互"概念来代指更广泛的用户与服务机构或服务设备的直接交互以来，互动服务已成为大部分服务经验的核心，扩展的服务交互模型已将用户之间的交互也列入互动质量范围[②]。在移动服务时代，用户与内容的交互、用户与系统的交互以及用户与用户的交互已受到普遍重视，而交互质量也被看成用户持续使用意愿的刺激变量[③]。因此，针对移动图书馆用户关怀质量提出如下假设：

假设9（H9）：用户感知的用户关怀质量正向影响用户对移动图书馆的感知价值；

① Davis F D. A Technology Acceptance Model for Empirically Testing New End-User Information Systems[D]. Mit Sloan School of Management, 1986: 24-26.

② 范秀成. 服务质量管理：交互过程与交互质量 [J]. 南开管理评论，1999（1）:8-12.

③ 赵文军，任剑. 移动阅读服务持续使用意向研究——基于认知维、社会维、情感维的影响分析 [J]. 情报科学，2017,35（8）:72-78.

假设10（H10）：用户感知的用户关怀质量正向影响用户对移动图书馆的持续使用意愿；

6. 感知价值（Perceived value）

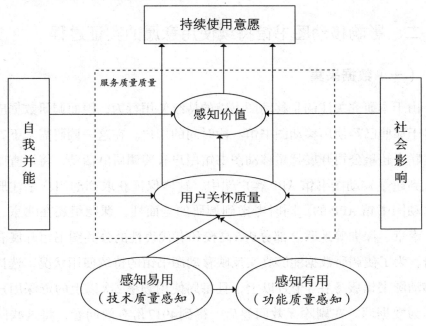

图5-2 影响移动图书馆持续使用意愿的结构假设

感知价值是在服务质量感知基础上用户使用收益判断。感知价值对用户持续意愿影响在很多类似领域得到了认可。例如，C.M. Chang 等[①] 研究虚拟社区用户感知价值的影响因素发现，感知价值直接影响持续使用意愿。易红等[②] 研究市民移动阅读行为发现，感知价值会对市民持续阅读行为产生显著影响。朱红灿等[③] 考察公众政府信息获取行为发现，感知价值正向影响持续使用意愿。

---

① Chang C M, Hsu M H, Hsu C S, et al. Examining the role of perceived value in virtual communities continuance: its antecedents and the influence of experience[J]. Behaviour & Information Technology, 2014, 33（5）:502-521.

② 易红，张冰梅，宋微. 市民移动阅读选择偏好性和持续使用性影响因素的实证研究 [J]. 图书馆理论与实践，2015（1）:32-37.

③ 朱红灿，胡新，廖小巧. 基于心流理论的公众政府信息获取网络渠道持续使用意愿研究 [J]. 情报资料工作，2018（2）:56-62.

假设11（H11）：感知价值正向影响用户对移动图书馆的持续使用意愿。

根据以上的假设分析，构建出移动图书馆服务质量对移动图书馆持续使用意愿的作用机制。

二、影响移动图书馆持续使用意愿的实证过程

（一）数据采集

由于本研究关注的是移动图书馆的持续使用行为，因而调研数据应该来自于那些已经使用移动图书馆一段时间的用户。在这一调研需求下，课题组联合超星公司开展超星移动图书馆用户有奖调研的活动，将调查问卷嵌入到超星移动图书馆APP客户端中，这样保证获取到的用户是注册使用移动图书馆APP的。同时考虑到调研的全面性，课题组还在北京、上海、南京、深圳等地联合部分985高校和有代表性的公共图书馆开展有奖调研。为了使调研数据能够真实反映移动图书馆的持续使用状况，选择使用移动图书馆服务在3个月以上，且每周使用频率2次以上的资深用户数据作为数据源。在剔除无效问卷后，得到4917份有效问卷，将这些问卷分为两个部分，一半（2460份问卷）进行测评维度的探索性分析，一半（2457份问卷）用于假设模型的验证分析。

表5-1　影响移动图书馆用户持续使用意愿的测评量表

测评维度	题项	题项表述	文献来源
自我效能SE	SE1	我拥有使用移动图书馆所需的移动设备及联网条件（网络、资金）	S. Taylor 和 P.A. Todd;V. Venkatesh 和 F.D. Davis
	SE2	我具备使用移动图书馆所需的知识和技能	
	SE3	我觉得自己有能力解决使用过程中遇到的困难和问题	
	SE4	我具有使用其他与移动图书馆类似移动服务平台的经验	
社会影响 SI	SI1	我认为使用移动图书馆已代表时尚和利用图书馆的新趋势	V. Venkatesh 等；S.J. Yoo 等人

续表

测评维度	题项	题项表述	文献来源
社会影响 SI	SI2	我周围越来越多的朋友、同学、同事使用移动图书馆服务	V. Venkatesh 等；S.J. Yoo 等人
	SI3	朋友同事等周围人推荐让我觉得我也很有必要使用	
	SI4	我经常看到有关移动图书馆的宣传报道和推广活动	
感知易用 PEU	PEU1	移动图书馆布局结构清晰	F.D. Davis 等人[5]；V. Venkatesh 和 F.D. Davis；V. Venkatesh 等
	PEU2	移动图书馆运行稳定	
	PEU3	移动图书馆响应迅速	
	PEU4	移动图书馆重视用户的隐私安全	
	PEU5	移动图书馆能够照顾到用户的使用习惯	
感知有用 PU	PU1	移动图书馆可方便我及时查询借阅信息，办理续借、预约等相关手续，我感觉图书馆随时在我身边	F.D. Davis 等人；V. Venkatesh 和 F.D. Davis；V. Venkatesh 等；J. Y.L. Thong 等人
感知有用 PU	PU2	移动图书馆信息资源类型（涵盖文本、多媒体等多种类型）丰富、可靠，较好满足了我的阅读需求	F.D. Davis 等人；V. Venkatesh 和 F.D. Davis；V. Venkatesh 等；J. Y.L. Thong 等人
	PU3	移动图书馆包含移动设备优势，方便我进行地理位置查询或阅读交友	
	PU4	移动图书馆功能相对完备且不断发展，满足了我对信息资源服务的主要需求	
	PU5	移动图书馆服务快速便捷，成为我日常学习和工作中的新的必需	
用户关怀质量 CQ	CQ1	移动图书馆支持自定义设置（如界面、定制感兴趣资源等），我很喜欢这种个性化服务	J.Y.L. Thong 等人；I. Lee 等人；H.W. Kim 等人；T. Zhou
	CQ2	移动图书馆能及时回复我的问题和建议，我觉得很受重视	
	CQ3	移动图书馆支持我与其他用户交流，或与其他社交平台（豆瓣、QQ、微博等）交互分享信息，我很喜欢	

测评维度	题项	题项表述	文献来源
用户关怀质量CQ	CQ4	移动图书馆对我有吸引力，我常愿意去查询和探求各类信息资源	J.Y.L. Thong 等人；I. Lee 等人；H.W. Kim 等人；T. Zhou
	CQ5	移动图书馆资源与功能超过我的预期，我在使用过程中常有惊喜	
感知价值PV	PV1	使用移动图书馆能够满足我与信息资源服务有关的很多需求	A. Martensen 和 L. Grønholdt；H.H. Lin 和 Y.S. Wang
	PV2	移动图书馆能让我将碎片时间利用起来，提高时间利用效率	
	PV3	移动图书馆可以让我获得存在感，得到认同	
	PV4	使用移动图书馆对于提高我的学习、工作、生活质量有帮助	
持续使用意愿CUI	CUI1	我以后还会继续使用移动图书馆	A. Bhattacherjee；J.Y.L. Thong 等人
	CUI2	我会向身边的人推荐使用移动图书馆	
	CUI3	我会分享自己使用移动图书馆的经验	
	CUI4	我愿意经常提供自己的意见，促进移动图书馆改进与完善	

表 5-2　影响移动图书馆用户持续使用意愿的调查样本描述

统计信息	类型	探索性分析样本		验证性分析样本	
		数量	比例 %	数量	比例 %
性别	男	1397	56.8	1372	55.8
	女	1063	43.2	1085	44.2
身份	高校低年级（大一大二）	1077	43.8	1058	43.1
	高校高年级（大三以上）	777	31.6	785	31.9
	高校研究生	342	13.9	358	14.6
	高校教职工	67	2.7	76	3.1
	企事业员工	113	4.6	127	5.2

续表

统计信息	类型	探索性分析样本		验证性分析样本	
		数量	比例 %	数量	比例 %
身份	公务员	19	0.8	10	0.4
	中学生	8	0.3	5	0.2
专业背景	理学	370	15	364	14.8
	工学	792	32.2	832	33.9
	生命科学（含医学）	209	8.5	203	8.3
	文 / 史 / 哲	348	14.1	328	13.3
	法学 / 教育学 / 社会学 / 政治学	188	7.6	165	6.7
	经济学（含金融学）	172	7	169	6.9
	管理学	242	9.8	243	9.9
	艺术学	48	2	64	2.6
	其他	91	3.7	89	3.6
常用的移动图书馆平台类型	短 / 彩信	38	1.5	37	1.5
	移动网页（WAP）	289	11.7	299	12.2
	APP 客户端	1968	80	1999	81.4
	微信公众平台	164	6.7	118	4.8
使用频率	每周 2 次以上	1511	61.4	1541	62.7
	每天使用	949	38.6	916	37.3
使用年限	3—6 个月	712	28.9	678	27.6
	半年—1 年	929	37.8	994	40.5
	1 年以上	819	33.3	785	31.9

根据调查对象的基本统计信息表，探索性分析样本和验证性分析样本在各个类别的用户群体比例一致。其中，男性用户比例超过女性用户约12%，这符合中国国家统计局发布的2016年总人口比例中男性高于女性的现实。高校师生是移动图书馆资深用户的主力军，占据调研对象总数的

92%。但移动图书馆的用户群体身份较为广泛，企事业员工、公务员、中学生甚至离退休人员也都在使用移动图书馆服务平台。调查对象的专业背景涉及范围也较广，将近一半的调查对象为理工专业，文/史/哲、管理学专业的用户占比也较高。超过80%的调查对象偏向于通过APP客户端使用移动图书馆，这也符合APP客户端是移动图书馆主流服务形式的现状。然而相比于微信公众平台这一新型服务形式，移动WAP形式的用户基数反而较高。而短/彩信这一早期服务形式，只有1.5%的调查对象偏向使用。在使用频率上，每周两次以上和每天使用移动图书馆的用户基本上呈现6:4的比例关系，而在使用年限上，3—6个月、半年—1年、1年以上的移动图书馆用户呈现3：4：3的比例关系，这说明调查对象中大多使用移动图书馆达半年—1年之长且每周使用2次以上。

（二）探索性分析结果

探索性问卷样本2460份，使用SPSS 20.0工具进行探索性分析。用Cronbach's Alpha系数法进行信度的测量，一般认为分量表最好在0.70以上，根据表5–3的结果来看，所有变量的信度值都在可接受的范围之内，量表信度可接受。

表 5–3 测评量表探索性因子分析结果

维度	题项	KMO	方差累积贡献率	Cronbach's α	因子载荷
自我效能 SE	SE1	0.750	58.437%	0.751	.741
	SE2				.805
	SE3				.801
	SE4				.706
社会影响 SI	SI1	0.746	56.178%	0.733	.652
	SI2				.822
	SI3				.807
	SI4				.703

维度	题项	KMO	方差累积贡献率	Cronbach's α	因子载荷
感知易用 PEU	PEU1	0.790	51.566%	0.764	.666
	PEU2				.720
	PEU3				.782
	PEU4				.713
	PEU5				.704
感知有用 PU	PU1	0.816	52.295%	0.758	.650
	PU2				.783
	PU3				.615
	PU4				.770
	PU5				.780
用户关怀质量 CQ	CQ1	0.806	53.203%	0.778	.714
	CQ2				.751
	CQ3				.739
	CQ4				.734
	CQ5				.709
感知价值 PV	PV1	0.792	61.162%	0.782	.778
	PV2				.782
	PV3				.762
	PV4				.805
持续使用意愿 CUI	CUI1	0.794	67.339%	0.836	.796
	CUI2				.869
	CUI3				.842
	CUI4				.772

采用因子分析来检测量表的结构效度。根据研究假设，调查问卷量表通过31道问项来测量8个变量。由表5-3可知，各个分量表的 KMO 的值都在0.7以上，Bartlett 球体检验值在0.001水平显著，表明原有变量适合

因子分析。经过主成分析取和最大方差旋转，所有测量项目在对应因子中的负荷量都在0.6以上，这说明所有的变量都具有良好的效度，问卷有效，能够测量出所要测量的问题。

（三）结构模型与假设检验

在检验测量模型前，通过各题项与其对应的子维度因子载荷超过0.7（最低标准为0.5），因子组合信度（Composite Reliability, CR）超过0.6，且每个变量的平均提取方差（Average Variance Extracted，AVE）要超过0.5（最低标准为0.4），判断测量模型的信度、效度。根据表5-4中的相关数值，可以看出只有"感知易用"的AVE值最低，为0.39，近似等于0.4。考虑到其因子载荷都在0.6左右，组合信度也超过0.6，而且本书设计的量表和题项是属于探索性的。因而说明数据具有较好的稳定性和一致性，测量模型具有一定的收敛效度。

表 5-4 测量模型的有效性检验

维度	测评题项	因子载荷	CR	AVE
自我效能	SE4	0.597	0.76	0.45
	SE3	0.682		
	SE2	0.725		
	SE1	0.667		
社会影响	SN1	0.613	0.78	0.47
	SN2	0.750		
	SN3	0.764		
	SN4	0.598		
感知易用	PEU5	0.605	0.76	0.39
	PEU4	0.661		
	PEU3	0.669		
	PEU2	0.573		
	PEU1	0.626		

续表

维度	测评题项	因子载荷	CR	AVE
感知有用	PU1	0.520	0.78	0.41
	PU2	0.676		
感知有用	PU3	0.548	0.78	0.41
	PU4	0.721		
	PU5	0.722		
用户关怀质量	CU1	0.632	0.79	0.43
	CU2	0.640		
	CU3	0.612		
	CU4	0.700		
	CU5	0.693		
感知价值	PV1	0.726	0.80	0.49
	PV2	0.641		
	PV3	0.710		
	PV4	0.729		
持续使用意愿	CUI1	0.722	0.85	0.58
	CUI2	0.826		
	CUI3	0.771		
	CUI4	0.723		

1. 初始模型拟合分析

借助于 AMOS21.0 对模型与假设进行了检验。图5-3为初始模型的假设路径。

在大部分学者的研究中，模型检验阶段常使用的指标值包括 X^2、RMSEA、GFI、AGFI、NFI、CFI、IFI、RFI 等值。表5-5列出了初始模型的适配度指标值。

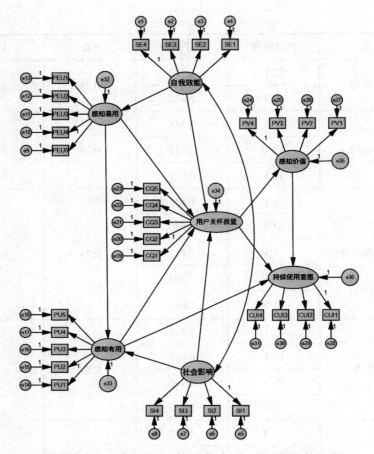

图 5-3 影响移动图书馆用户持续使用意愿的模型初构

表 5-5 影响移动图书馆用户持续使用意愿初始模型的拟合指标

模型 （n=2457）	X²	df	X²/df	RMSEA	GFI	AGFI	NFI	CFI	IFI	RFI
调整模型	2741.517	422	6.496	.047	.923	.909	.913	0.925	0.925	0.904
拟合推荐值			3—5	<0.08	>0.9	>0.8	>0.9	>0.9	>0.9	>0.9

可以看出除了卡方自由度比值（X²/df）不符合标准外，其余指标均符合建议值。需要指出的是，就 SEM 统计量而言，X² 是一个不佳的适配度测量值，此统计量受到样本大小的影响非常大。当样本数扩大时，似然比

X²值统计量也会跟着膨胀变大，显著性 p 值会跟着变得很小，此时所有的原假设都会被拒绝，从而得出假设模型与样本数据无法适配的结论[①]。尽管本文用于结构方程模型分析的样本数达2457份，样本数较大，X²值只起参考作用，但在观察如表5-6所展示的移动图书馆用户持续使用假设模型检验研究结果时，发现"感知有用对持续使用意愿的影响""用户关怀质量对持续使用意愿的影响"这2条假设路径 p 值＞0.05，因而需要删掉这两条假设路径，进行模型修正。

表 5-6　初始模型的假设检验结果

			Estimate	S.E.	C.R.	P
感知易用	<---	自我效能	.605	.033	18.314	***
感知有用	<---	社会影响	.167	.021	8.157	***
感知有用	<---	感知易用	.531	.030	17.927	***
用户关怀质量	<---	自我效能	.277	.030	9.304	***
用户关怀质量	<---	社会影响	.338	.029	11.691	***
用户关怀质量	<---	感知有用	.297	.044	6.781	***
用户关怀质量	<---	感知易用	.224	.036	6.309	***
感知价值	<---	用户关怀质量	.978	.034	28.500	***
持续使用意愿	<---	感知有用	.048	.037	1.282	.200
持续使用意愿	<---	用户关怀质量	.088	.094	.939	.348
持续使用意愿	<---	感知价值	.511	.085	6.038	***

2. 模型修正

在删除2条未验证通过的假设路径之后，对影响移动图书馆用户持续使用意愿的假设模型进行修正，并根据修正指标得到如图5-4所示的修正模型。

---

① 吴明隆.结构方程模型：Amos 实务进阶 [M].重庆：重庆大学出版社，2013: 13.

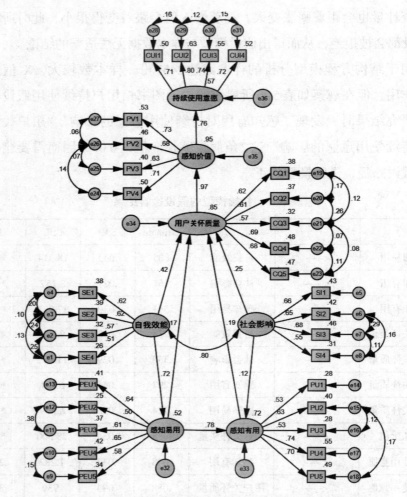

图 5-4　影响移动图书馆用户持续使用意愿的修正模型

根据表5-7所示，修正模型的各个拟合度指标均符合建议值，说明修正模型具有良好的拟合度。

表 5-7　修正模型的拟合指标

模型（n=2457）	X²	df	X²/df	RMSEA	GFI	AGFI	NFI	CFI	IFI	RFI
调整模型	1812.788	400	4.532	.038	.947	.934	.942	0.954	0.954	0.933
拟合推荐值			3 ~ 5	<0.08	>0.9	>0.8	>0.9	>0.9	>0.9	>0.9

表5-8为移动图书馆用户持续使用修正模型的假设检验结果，从表中可以看出，余下的9条假设路径全部得到支持。

表 5-8 修正模型的假设检验结果

			标准化路径系数	S.E.	C.R.	P	验证结果
感知易用	<---	自我效能	.720	.048	16.540	***	支持
感知有用	<---	感知易用	.777	.039	16.090	***	支持
感知有用	<---	社会影响	.118	.026	3.699	***	支持
用户关怀质量	<---	感知易用	.172	.057	2.965	.003	支持
用户关怀质量	<---	感知有用	.192	.057	4.123	***	支持
用户关怀质量	<---	自我效能	.424	.080	5.737	***	支持
用户关怀质量	<---	社会影响	.247	.051	4.779	***	支持
感知价值	<---	用户关怀质量	973	.037	27.882		支持
持续使用意愿	<---	感知价值	.756	.025	25.825	***	支持

注：＊＊＊表示 p < 0.001

三、模型讨论与启示

根据表5-8的检验结果来看，本研究提出的11个研究假设，除了"感知有用对持续使用意愿的影响""用户关怀质量对持续使用意愿的影响"这2条假设未验证通过外，其余9条假设均得到支持。感知易用和感知有用的被解释方差分别为51.8%和72.3%，用户关怀质量的被解释方差达到84.6%，感知价值的被解释方差达到94.7%，持续使用意愿的被解释方差也达到57.2%，说明本文提出的移动图书馆用户持续使用模型具备了较好的解释能力。根据路径检验结果，绘制了图5-5所示的移动图书馆用户持续使用行为的影响路径。

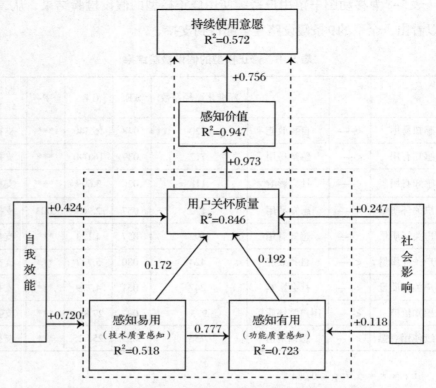

图 5-5　影响移动图书馆用户持续使用意愿的路径系数

观察图5-5，我们可以从以下三个方面进行总结。

（一）服务质量三维度之间的影响关系

从移动图书馆用户持续使用意愿视角看，移动图书馆服务质量感知的三个观测维度先是彼此相互影响，然后再影响持续使用意愿。例如，感知易用对感知有用的影响显著，路径系数为0.777（p<0.001）；同时感知易用、感知有用都显著影响用户关怀质量，路径系数分别为0.172（p<0.001）、0.192（p<0.001）。这说明为了促进移动图书馆用户持续使用意愿，必须认真考虑影响移动图书馆服务质量感知的每一个要素，并及时进行移动图书馆平台的技术迭代与更新。

（二）服务质量—感知价值—持续使用意愿的主影响路径

由于"感知有用""用户关怀质量"对"持续使用意愿"的假设路径未通过验证，而"用户关怀质量"对"感知价值"的影响显著，其路径系数为 0.973（p<0.001），"感知价值"又显著影响"持续使用意愿"，其路径系数为 0.756。这表明用户感知的移动图书馆服务质量并不直接影响"持续使用意愿"，而是通过影响"感知价值"进而影响用户"持续使用意愿"。"感知有用"并不直接影响"持续使用意愿"，而是通过"用户关怀质量""感知价值"间接影响"持续使用意愿"，这说明移动图书馆服务并未能成为有户信息获取的刚需，用户获取信息的途径具有多种选择，移动图书馆服务主体应充分关心用户，重视与用户的交互才能避名用户在多源信息获取时代的流失。在提升移动图书馆服务质量时，应该在增加功能、改进技术的同时，优化移动图书馆服务平台用户与用户、用户与服务提供者之间的交互质量。

（三）自我效能—社会影响的推动路径

自我效能对感知易用和用户关怀质量有明显的正向影响；而社会影响对感知有用和用户关怀质量也有影响，但路径系数略低于自我效能的影响作用。这说明了自我效能、社会影响在用户持续使用意愿的影响关系中扮演着推动的角色。

回顾图 5-5 研究结果，我们发现，用户对移动图书馆服务质量的感知会影响用户对移动图书馆使用价值的感知，进而会影响用户的持续使用意愿。移动图书馆用户持续使用意愿遵循"情境刺激—质量感知—价值感知—行为反应"这样一个 S-O-R 的心理活动框架。同时，用户对移动图书馆服务质量感知既会受到用户的自我效能影响，又会受到用户所处的环境影响。图 5-5 所展示的自我效能、社会影响与用户感知的服务质量子维度之间的关系为移动图书馆服务质量优化控制提供了一个相对全面的综合控制思路。

第六章　用户感知的移动图书馆服务质量对满意度影响——兼及"情感因素"

用户感知质量是认知因素的重要观测视角，其不仅与服务结果有关，而且与服务过程有关。移动图书馆用户满意度的累积得益于良好的用户感知，用户感知质量与用户满意度之间的相互影响关系也已在多个领域被证明。但移动图书馆服务过程既是一个认知的过程，也是一个情感体验的过程，这将会促使用户与移动图书馆服务平台之间形成良好的关系。有鉴于此，本章将侧重于移动图书馆服务领域用户感知质量与用户满意度的关系，并融入情感因素进行分析，以便为移动图书馆服务质量优化提供更全面的思路。

一、研究述评及假设

伴随移动互联技术和移动设备的发展进步，移动图书馆内涵已经历了多次丰富和完善，目前，移动图书馆一般是指借助于当前互联网和多媒体技术，支持用户随时随地通过移动终端来获取图书馆各项服务的平台[①]。在移动图书馆研究领域，用户研究是一个持续受到重视的方向。J. Hey[②]

---

① 胡振华, 蔡新. 移动图书信息服务系统 [J]. 现代图书情报技术, 2004（4）: 18—20.

② Hey J, Sandhu JS, Newman C, et al. Designing mobile digital library services for per-engineering and technology literacy[J]. International Journal of Engineering Education, 2007, 23（3）: 441-453.

重视对用户群体展开调查，了解用户的需求。J. Cummings[①]、N.S.A. Karim[②]分析用户在移动图书馆使用过程中的感知状况，了解其总体满意度。L. Barile[③]、G. Nowlan[④]、朱多刚[⑤]、贺伟[⑥]探讨了用户对于移动图书馆的使用意愿及可能的影响因素，部分学者还尝试从用户体验视角分析或建立移动图书馆用户体验测评量表[⑦⑧]和用户感知的移动图书馆服务质量测评量表[⑨⑩]。综合看来，既有的移动图书馆用户研究普遍重视用户的认知研究，但对用户的情感因素关注较少，用户体验的相关研究成果开始略有提及。R.A. Westbrook[⑪]、C. Homburg[⑫]对工商管理领域的探索证实：认知和情感会共同影响满意度，情感的作用甚至会超过认知，情感因素对于顾客满意度的形成有十分重要和显著的影响。但来自工商管理领域的研究成果是否适用于移动图书馆还有待于进一步探索。

感知质量和感知价值是认知因素的两个重要观测视角。S.A. Taylor 和

① Cummings J, Merrill A, Borrelli S. The use of handheld mobile devices: Their impact and implications for library services[J]. Library Hi Tech, 2010, 28（1）: 22-40.

② Karim NSA, Darus SH, Hussin R. Mobile phone Applications in academic library services: A students' feedback survey[J]. Campus-Wide Information System, 2006, 23（1）: 35-51.

③ Barile L. Mobile technologies for libraries A list of mobile Applications and resources for developme-nt [J]. College & Research Libraries News, 2011, 72（4）: 222-228.

④ Nowlan G. Going mobile: creating a mobile presence for your library[J]. New Library World, 2013, 114（3/4）: 142-150.

⑤ 朱多刚. 高校学生使用移动图书馆的行为意向研究 [J]. 图书情报知识, 2012（4）: 75-80.

⑥ 贺伟, 李贺. 移动图书馆用户使用意愿实证研究 [J]. 图书情报工作, 2015, 59（7）: 39-47.

⑦ Zha X, Zhang J, Yan Y, et al. Comparing flow experience in using digital libraries: Web and mobile context[J]. Library Hi Tech, 2015, 33（1）: 41-53.

⑧ 沈军威, 倪峰, 郑德俊. 移动图书馆平台的用户体验测评 [J]. 图书情报工作, 2014, 58（23）: 54-60.

⑨ 夏前龙, 施国洪, 张晓慧. 移动图书馆服务质量的内涵, 结构及其测度 [J]. 图书情报知识 2015（1）: 47-55.

⑩ 廖璠, 许智敏. 基于 LibQual+ 构建高校移动图书馆服务质量评价指标体系——运用德尔菲法的调查分析 [J]. 情报理论与实践, 2015, 38（3）: 59-62,48.

⑪ Westbrook RA. Intrapersonal affective influences on consumer satisfaction with products[J]. Journal of Marketing Research, 1980, 7（7）: 49-54.

⑫ Homburg C, Koschate N, Hoyer W D. The role of cognition and affect in the formation of customer satisfaction: A dynamic perspective[J]. Journal of Marketing, 2006, 70（3）21-31.

T.L. Baker[①] 就认为：用户满意是比用户感知质量更高一级的概念，用户的满意度会受到感知质量的影响。而 R.B. Woodruff[②] 则将感知价值定义为"用户在特定情境下对产品或服务的属性与功能满足自身需求的主观评价"。J. Lapierre 等人[③] 研究指出，用户的满意度不仅仅受到感知质量的影响，感知价值的形成也会对用户满意度产生影响。著名学者 J.J. Cronin 等[④] 通过研究后发现，用户的感知价值与用户满意度为正比关系。Z. Yang 和 R.T. Peterson[⑤] 在移动服务的研究中也发现用户的满意度会受到感知价值的积极影响。

J.J. Cronin 和 S.A. Taylor[⑥] 则认为用户满意度会受到用户感知质量和感知价值的双重影响，而感知质量与感知价值进一步影响用户的下一次购买与使用行为。G.A. Churchill[⑦]、徐华[⑧] 等学者的研究都发现感知质量对于感知价值和满意度有正向影响。

服务产品传递过程中的用户情感，可被称为"消费情感"或"使用情感"。考虑到移动图书馆服务属于信息服务领域，本研究将用户在使用移动图书馆平台及其服务中所产生一系列情感称为"使用情感"。从内涵上看，"使用情感"就是"用户对于产品使用或自身价值获取的一种情感反

---

① Taylor SA, Baker TL. An assessment of the relationship between service quality and customer satisfaction in the formation of consumers' purchase intentions[J]. Journal of Retailing, 1994, 70（94）: 163-178.

② Woodruff R B. Customer value: the next source for competitive advantage[J]. Journal of the academy of marketing science, 1997, 25（2）: 139-153.

③ Lapierre J, Filiatrault P, Chebat J C. Value strategy rather than quality strategy: A case of business-to-business professional services[J]. Journal of Business Research, 1999, 45（97）: 235-246.

④ Cronin J J, Brady K K, Hult G T M. Assessing the effects of quality, value and customer satisfaction on customer behavior intentions in service environment[J]. Journal of Retailing, 2000（2）: 193-216.

⑤ Yang Z, Peterson R T. Customer perceived value, satisfaction, and loyalty: The role of switching costs[J]. Psychology & Marketing, 2004, 21（10）: 799-822.

⑥ Cronin J J, Taylor S A. Measuring service quality: A reexamination and extension[J]. Journal of Marketing, 1992, 56（3）: 55-68.

⑦ Churchill G A, Surprenant C. An investigation into the determinants of customer satisfaction[J]. Journal of marketing research, 1982: 491-504.

⑧ 徐华 . 感知服务质量与顾客满意关系研究 [D]. 镇江：江苏大学 ,2010: 25-27,63-69.

应①②。J. Baker③、A.S. Mattila④认为：用户的使用情感应该从正面、负面两方面进行考虑，而 R.A. Westbrook⑤、L. Dube⑥则提出，用户的使用情感在整个体验过程中会发生变化，应当持续关注。但用户的好心情也会更有利于其做出积极的感知评价。罗盛锋等⑦、鱼文英等⑧对不同领域的用户满意度的研究显示，用户的感知质量对使用后情感、感知价值和满意度均有积极影响，且可以直接正向影响用户满意度。

L.D. Compeau⑨研究发现，使用前情感越高的用户，对于产品或服务的感知质量越高，对服务的满意度也越高。

综合以上的分析，本研究得到以下的推论：对于移动图书馆平台的使用，用户的感知质量既会直接影响用户满意度，又会通过感知价值间接影响用户满意度。用户的使用情感与用户的感知质量、感知价值存在关联。其中使用情感可以分为使用前情感和使用后情感，使用前情感会影响感知质量，而感知质量会影响使用后情感，用户的使用情感（含使用前情感和使用后情感）会直接影响用户满意度，而用户使用后情感还通过对感知价

① Oliver RL. Cognitive, affective and attribute base of the satisfaction response[J]. Journal of Consumer Research, 1993, 20（3）: 418-430.

② Dube L, Menon K. Multiple roles of consumption emotion in post-purchase satisfaction with extendedservice transactions[J]. International Journal of Service Industry Management, 2000, 11（3）: 287-304.

③ Baker J, Levy M, Grewal D. An experimental Approach to making retail store environmental decision[J]. Journal of Retailing, 1992, 68（4）: 445-460.

④ Mattila AS, Enz CA. The role of emotions in service encounters[J]. Journal of Service Research, 2002, 4: 268-278.

⑤ Westbrook RA, Oliver RL. The dimensionality of consumption emotion patterns and consumer satisfaction[J]. Journal of Consumer Research, 1991, 18（1）84-91.

⑥ Dube L, Menon K. Multiple roles of consumption emotion in post-purchase satisfaction with extended service transactions[J]. International Journal of Service Industry Management,2000, 11（3）: 287-304.

⑦ 罗盛锋，黄燕玲，程道品，等. 情感因素对游客体验与满意度的影响研究——以桂林山水实景演出"印象.刘三姐"为例 [J]. 旅游学刊, 2011, 26（1）: 51-58.

⑧ 鱼文英，李京勋. 消费情感与服务质量、顾客满意和重复购买意愿关系的实证研究——以航空服务行业为例 [J]. 经济与管理研究, 2012（7）: 111-120.

⑨ Compeau L D, Grewal D, Monroe K B. Role of prior affect and sensory cues onconsumers' affectiveand cognitive responses and overall perceptions of quality[J]. Journal of Business Research, 1998, 42（97）: 295–308.

值的传导影响用户满意度。上述推论构成了如图6-1所示的假设模型。

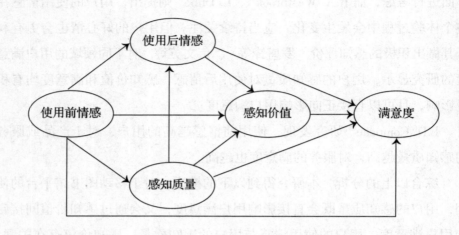

图6-1 移动图书馆用户满意度的影响假设模型

二、量表构建

（一）量表的初步设计

1. 使用情感的测量

对于使用情感的测量，主要依托 A. Mehrabian 等[①]构建的 PAD 量表为基础，将用户的情感分为激发性、支配性和愉悦性三个方面，并参考 M.L. Richins[②] 的 CES 情感量表设置移动图书馆的使用情感测评项目。J. Baker[③]、A.S. Mattila[④] 等学者指出，使用情感是一个双向概念，反映出用户在消费经历中非常愉快或非常不愉快的情感体验；Blossom 等认为，用户的正面、

---

① Mehrabian A, Russell J A. An Approach to environmental psychology[M]. Cambridge, MA: MIT Press, 1974.

② Richins M L. Measuring emotions in the consumption experience[J]. Journal of Consumer Research, 1997（9）: 127-146.

③ Baker J, Levy M, Grewal D. An experimental Approach to making retail store environmental decision[J]. Journal of Retailing, 1992, 68（4）: 445-460.

④ Mattila A S, Enz C A. The role of emotions in service encounters[J]. Journal of Service Research, 2002, 4: 268-278.

负面情感是两个独立的概念，一次经历中不会同时存在与表现出来。

表 6-1 使用情感初始测评量表

维度	测评层面	测评项目	项目编号	来源
使用前情感	激发性-积极	听到相关宣传，想了解（好奇的）	E_1_R1	J. Baker、A. Mehrabian、M.L.Richins、A.S. Mattila 等
	激发性-消极	没感觉，用不用无所谓（好奇的）	E_2_R1	
	支配性-积极	觉得自己有能力使用（自信的）	E_3_R1	
	支配性-消极	担心自己不会用（自信的）	E_4_R1	
	愉悦性-积极	期待合乎自己的心意（高兴的）	E_5_R1	
	愉悦性-消极	听过使用者的反响，觉得不好（高兴的）	E_6_R1	
使用后情感	激发性-积极	想进一步探索使用（好奇的）	E_1_R2	
	激发性-消极	使用后觉得没意思（好奇的）	E_2_R2	
	支配性-积极	自己很容易掌握相关操作（自信的）	E_3_R2	
	支配性-消极	对操作不熟悉，用得很累（自信的）	E_4_R2	
	愉悦性-积极	使用过程觉得符合自己心意（高兴的）	E_5_R2	
	愉悦性-消极	使用后与自己的预期相差较大（高兴的）	E_6_R2	

2. 感知质量、感知价值的测量

（1）感知质量的测量

根据项目研究所构建的测评模型，移动图书馆用户的感知质量可以从功能满足、技术系统和互动参与三个维度进行观测[①]，结合对LibQUAL[②]的分析，本研究拟从服务的深度、广度和易用性与适用性来综合考察用户的感知质量。建立如表6-2所示的测评表。

---

① 郑德俊，轩双霞，沈军威. 用户感知的移动图书馆服务质量测评模型构建 [J]. 大学图书馆学报，2015（5）：83—92.

② Thompson B, Cook C, Kyrillidou M. Concurrent validity of LibQUAL+ TM scores: What do libQUAL + TM scores measure? [J]. Journal of Academic Librarianship, 2005, 31（6）：517-522.

表 6-2　感知质量初始测评量表

维度	测评层面	测评项目	项目编号	来源
感知质量	功能质量 1	服务项目丰富（支持查询、阅读），能满足主要需求	Q_1	J.J. Cronin、郑德俊等
	功能质量 2	重视常用信息门户融合，方便日常生活、学习和工作	Q_2	
	技术质量	移动图书馆界面风格美观、结构清晰，易懂、易用	Q_3	
	参与质量	支持自定义设置（如界面、资源等），我很喜欢	Q_4	

（2）用户感知价值的测量

对感知价值的观测主要根据用户对移动图书馆提供服务内容对自身需求满足状况的评价与判断展开。参考 R.B. Woodruff[①]、P. Williams[②]等学者对于感知价值的相关测评研究，选取功能价值、社会价值和情感体验价值三个层面，对用户的感知价值进行测评，并从蔡宝珠[③]、秦雪凤[④]等学者对图书馆用户感知价值测评的描述中抽取相关测评项目。

表 6-3　感知价值初始测评量表

维度	测评层面	测评项目	项目编号	
感知价值	功能价值 1	能够满足我较多的信息需求	V_1	R.B. Woodruff、P. Williams、蔡宝珠、秦雪凤等
	功能价值 2	能够提高我的学习、工作、生活质量	V_2	
	社会价值	可以让我获得存在感、得到认同	V_3	
	情感价值	使用过程很愉悦，使我受益良多	V_4	

---

① Woodruff R B. Customer value: the next source for competitive advantage[J]. Journal of the academy of marketing science, 1997, 25（2）: 139-153.

② Williams P, Soutar GN. Value, satisfaction and behavioral intentions in an adventure tourism context[J]. Annals of Tourism Research, 2009, 36（3）: 413-438.

③ 蔡宝珠. 用户感知价值与图书馆核心用户服务定位策略 [J]. 情报资料工作, 2003（2）: 60-62.

④ 秦雪凤. 图书馆用户感知价值的提升策略 [J]. 图书馆论坛, 2007, 27（1）: 40-41.

（3）用户满意度测量

对于满意度的测评，多数学者选用C. Fornell[①]和J.J. Cronin等人的用户满意度测评量表，从用户的服务内容满意、服务结果满意、服务愉悦程度和期望满足程度来测评用户满意度。

表6-4　满意度初始测评量表

维度	测评层面	测评项目	项目编号	来源
满意度	功能满意	服务功能具有吸引力，尽早选择使用是明智的	S_1	C. Fornell、J.J. Cronin 等
	情感满意	在使用过程中有惊喜，比我预期的好很多	S_2	
	整体满意	总体上是愉悦的，觉得时间流逝很快	S_3	

（二）量表的确立

为优化初步设计的量表，本研究在2014年对江苏地区（涵盖南京市、徐州市、无锡市、苏州市、常州市、淮安市、扬州市、镇江市）的移动图书馆用户进行预研调查，采用李克特5级量表，有1200位参与了调查，特别抽取了资深用户（使用移动图书馆半年以上、且每天都使用移动图书馆）数据共135份，被调查者中高校学生为主体，涉及学科包括理工、文史、管理、生命医学、金融经济等领域，借助于SPSS20.0，对所采集的135份资深用户数据进行分析。其中量表的信度检验涉及极端组比较、题项与总分相关和同质性检验，通过决断值、题项与总分相关、校正题项与总分相关、题项删除后的 α 值、共同性和因素负荷量等指标对量表题项的可靠性进行检验。项目分析中使用前情感的消极部分，即 E_2_R1、E_4_R1和 E_6_R1有1项指标未达到标准，使用后情感的消极部分，即 E_2_R2、E_4_R2和 E_6_R2分别有5项、5项和6项指标未达到标准。数据分析提示这些观测题项应予以修改或删除。

---

① Fornell C. A National Satisfaction Barometer : the Swedish experience [J]. Journal of Marketing, 1992, 56（1）:6–21.

表6-5 初始量表项目分析摘要表

项目编号	极端组比较	题项与总分相关		同质性检验			未达标准指标数	备注
	决断值	题项与总分相关	校正题项与总分相关	题项删除后的 α 值	共同性	因素负荷量		
E_2_R1	8.862	0.612	0.377	0.641	0.288	0.537	1	删除
E_4_R1	7.549	0.623	0.326	0.629	0.319	0.565	1	删除
E_6_R1	7.184	0.604	0.395	0.634	0.283	0.532	1	删除
E_2_R2	5.926	0.396	0.265	0.686	0.102	0.320	5	删除
E_4_R2	4.928	0.391	0.242	0.690	0.052	0.227	5	删除
E_6_R2	2.526	0.210	0.028	0.732	0.001	−0.025	6	删除
判断准则	≥ 3.50	≥ 0.400	≥ 0.400	≤ 量表信度	≥ 0.2	≥ 0.45	删除 6 项	

进一步将量表的观测项目与部分资深用户进行交流进行，量表的效度得到认可，并提议只观测用户的积极情感，通过5级打分的两极趋向判断用户使用情感是积极的还是消极的。删除使用前情感和使用后情感消极情感部分题项之后，使用前情感、感知质量、使用后情感、感知价值、用户满意度等观测维的 Cronbach's Alpha 信度值分别为0.797、0.808、0.685、0.838、0.873，总体量表的 Cronbach's Alpha 信度值0.881。各观测维度的 KMO 值均在0.6以上，分别为0.675、0.757、0.736、0.789和0.733，双尾概率均为0.000，达到因子分析标准。以上各维度的观测项目的累积解释变异量分别为71.497%、64.014%、78.713%、68.49%、79.988%。

经过预研分析，正式量表共保留了17个观测项目，其中使用前情感3项（E_1_R1、E_3_R1、E_5_R1）、感知质量4项（Q_1、Q_2、Q_3.Q_4）、使用后情感3项（E_1_R2、E_3_R2、E_5_R2）、感知价值4项（V_1、V_2、V_3.V_4）、用户满意度3项（S_1、S_2、S_3）。

三、影响移动图书馆用户满意度的模型实证

（一）数据来源

正式问卷所包含的17个观测项采用李克特5级量表，1–5分别表示非常不认可、不认可、一般、认可和非常认可。问卷调查进行，从2014年12月15日到2015年1月15日，联合超星公司通过网络调研的方式，共收集了4252份高校用户数据。考虑到移动图书馆平台的多样性需求及其用户的问卷填写质量，重点选择了211以上高校，且移动图书馆的使用频率为每周2次以上、持续使用时间已达半年以上的高级用户进行模型和假设检验，共得到有效数据875份，其中使用移动图书馆1年以上的用户占比52.80%，每天都使用的用户比例达50.74%。高校用户中研究生群体占比24.57%，本科生占比73.03%，教职工占比2.4% 涉及理工、文史、管理、经济、医学等学科，男女用户占比分别为57.14% 和42.86%，98.86%用户主要通过APP访问移动图书馆平台问卷样本具有一定的代表性。

（二）数据分析

对正式量表的调研数据采用了多种方式（Cronbach's Alpha 系数、CR 值）进行数据质量检验，并计算了各观测维度的解解释变异量，汇总形成如表6–6。

观测表6–6，各指标数据均符合标准，可以进一步进行验证性分析。

验证性因子分析主要通过 AMOS 21.0完成，首先计算了各测评题项的标准化因子负荷量以检验量表的收敛效度。使用前情感3项（E_1_R1、E_3_R1、E_5_R1）分别为0.613.0.629、0.827，感知质量4项（Q_1、Q_2、Q_3.Q_4）分别为0.658、0.680、0.666、0.673. 使用后情感3项（E_1_R2、E_3_R2、E_5_R2）分别为0.545、0.580、0.712，感知价值4项（V_1、V_2、V_3.V_4）分别为0.765、0.790、0.692、0.723. 用户满意度3项（S_1、S_2、S_3）分别为0.742、0.828、0.769。以上各测评题项的标准化因子负荷量均在0.6至0.85之间，均符合0.5到0.95之间指标标准，说明本研究构建的量表收敛效度良好。

表 6-6　用户对测评项目的认可程度统计表

维度	项目编号	均值	标准差	信度分析					效度分析				
				Cronbach's Alpha	CR	KMO	卡方	df	Sig.	因子 1	解释变异量 %		
使用前情感	E_2_R1	3.85	1.187	0.736	0.735	0.676	573.264	3	0.000	.842	65.520		
	E_3_R1	3.70	1.223							.796			
	E_1_R1	3.69	1.269							.789			
感知质量	Q_1	4.37	.752	0.764	0.765	0.736	929.784	6	0.000	.825	59.385		
	Q_3	4.31	.855							.767			
	Q_2	4.20	.898							.754			
	Q_4	3.94	1.051							.733			
使用后情感	E_3_R2	4.48	.796	0.638	0.645	0.639	338.506	3	0.000	.803	58.163		
	E_2_R2	4.46	.830							.763			
	E_1_R2	4.36	.837							.719			
感知价值	V_4	4.44	.741	0.815	0.831	0.807	1258.014	6	0.000	.845	66.064		
	V_2	4.41	.753							.837			
	V_1	4.29	.819							.796			
	V_3	3.88	1.067							.772			
用户满意度	S_1	4.46	.779	0.819	0.824	0.711	941.565	3	0.000	.880	73.602		
	S_3	4.34	.837							.857			
	S_2	4.24	.923							.836			

（三）模型与假设检验

本研究借助于 AMOS 21.0 对模型与假设进行了检验。一般说来，卡方值 P 容易受到模型复杂程度和样本量等的影响本研究的观察变量有 17 个，样本量达到 875，根据吴明隆的研究，当样本量大于 250，观察变量大于 12 时，一个不显著的 P 值并不能说明该假设模型与观察数据的契合度[①]。所以本研究对于 P 值不做严格要求。模型检验主要使用了绝对拟合指数（GFI、AGFI、RMR、RMSEA）、增值适配度指数（NFI、IFI、TLI）和简约适配度指数（CN 值、NC 值）三类关键指标[②]。初始模型中，绝对拟合指数 P 值小于 0.05，GFI 值、AGFI 值均大于 0.9，RMR 值小于 0.05，增值适配度指数 NFI 值、IFI 值、TLI 值均大于 0.9，简约适配度指数 CN 值大于 200，但绝对拟合指数 RMSEA 值大于 0.05，简约适配度指数 NC 值大于 3，检验显示适配结果一般，需要进行修正。根据 AMOS 给出的修正指标值，添加必要的路径，修正模型路径及标准化系数如图 6-2 所示（图中背景深色部分）列出了拟合指标值，除 P 值外，其他各项指标值均符合检验标准。检验表明，模型中各潜在变量之间相关关系与假设一致性很高，模型具有简约的适配度和较强的解释力。

表 6-7 为假设检验结果，列出了各观测维度之间的影响路径系数。

表 6-7　影响移动图书馆用户满意茺的假设检验结果表

假设	路径	路径系数	P 值	验证结果
H1	使用前情感 --> 使用后情感	0.22	<0.001	成立
H2	使用前情感 --> 用户满意度	0.00	0.898	不成立
H3	使用后情感 --> 用户满意度	0.21	<0.001	成立
H4	使用前情感 --> 感知质量	0.26	<0.001	成立

---

① 吴明隆. 结构方程模型—Amos 实务进阶 [M]. 重庆：重庆大学出版社，2013: 20-23.

② Zhonglin W, Kit-Tai H, Marsh H W. Structural equation model testing: Cutoff criteria for goodness of fit indices and chi-square test[J]. Acta psychologica sinica, 2004, 36（2）: 186-194.

假设	路径	路径系数	P 值	验证结果
H5	使用前情感 --> 感知价值	0.01	0.794	不成立
H6	使用后情感 --> 感知价值	0.20	<0.001	成立
H7	感知质量 --> 使用后情感	0.56	<0.001	成立
H8	感知质量 --> 感知价值	0.73	<0.001	成立
H9	感知质量 --> 用户满意度	0.29	<0.001	成立
H10	感知价值 --> 用户满意度	0.45	<0.001	成立

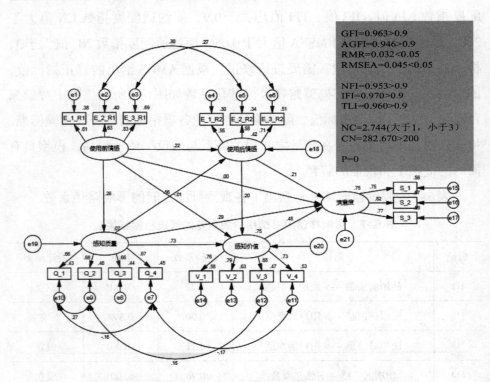

图6-2　影响移动图书馆用户满意度的修正模型路径及系数

从表6-7中可以看出，10项假设中有8项假设 P<0.001，假设成立且影响方向为正向。但使用前情感对于用户满意度的影响路径系数为0.00，但 P=0.898>0.01，假设 H2不成立；使用前情感对于感知价值路径系数为

0.01，但 P=0.794>0.01，假设 H5 也不成立。综合图6-2和表6-7结果，绘制出移动图书馆用户满意度的简约模型，如图6-3所示

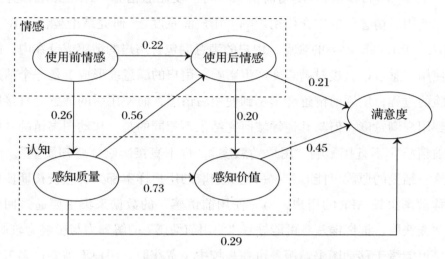

图 6-3　影响移动图书馆用户满意度的简约模型

四、基于影响模型的结论

（一）认知因素是移动图书馆用户满意度的重要影响因素

根据图6-3中的模型，"感知质量"和"感知价值"作为传递变量影响"用户满意度"，研究结果契合了 M. Edwardson 的研究结论[①]。"使用前情感"影响感知质量（0.26），并进而影响"用户满意度"。"感知质量"还通过"感知价值"影响"用户满意度"，这种影响是比较明显的，其影响系数分别达到了0.73和0.45。这说明认知因素是移动图书馆用户满意度的重要影响因素。用户感知的移动图书馆服务质量直接影响了用户对移动图书馆的价值判定，优化用户对移动图书馆质量的认知体验对于提升用户满意度水平是有较大帮助的。

---

①　Edwardson M. Measuring consumer emotions in service encounters: an exploratory analysis[J]. Australasian Journal of Market Research, 1998, 6（2）: 34-48.

（二）情感因素也是移动图书馆的用户满意度影响因素

根据图6–3模型，"使用前情感"对"使用后情感"产生影响，并通过"使用后情感"的中介作用影响"用户满意度"。研究结论契合了 R. L. Oliver[①]、B.J. Babin[②]等的观点，用户的满意度包含用户的情感成分在内，因而使用情感可以直接对满意度产生影响；用户的满意度形成也是一个情感体验的过程，使用前情感会影响到使用后情感，而使用后的情感会直接影响到用户满意度。但与其他领域研究结果不相同的是，移动图书馆的"使用前情感"不直接影响"用户满意度"，也不直接影响"感知质量"。形成这一结论的原因可能有二：一是所选取的用户样本都为已经较长期使用了移动图书馆 APP 的用户，对"使用前情感"的数据采集主要通过回忆式调查获取，记忆偏差有可能导致"使用前情感"的解释力与影响力较弱；二是可能缘于移动图书馆服务可在高校中免费获取，用户不需要过多考虑使用成本付出，因而情绪也不会产生较多波动，对后续的"感知质量"和最终的"用户满意度"影响有限。

（三）质量感知、价值感知等认知因素与情感因素互为影响

在认知因素与情感因素的复合研究中，理论界一直存在两种观点，一些学者认为用户感知质量会影响用户使用情感[③]，强调"感知—情感—行为"的信息行为发生历程，另外一些学者则验证了用户使用情感影响其感知质量的正确性[④]，强调"情感—感知—行为"的信息行为发生历程。从本研究所构建的移动图书馆用户满意度影响模型来看，"感知质量"影响用户"使用后情感"，"使用后情感"进而反过来影响用户的"感知价值"。

① Oliver R L. Cognitive, affective and attribute base of the satisfaction response[J]. Journal of Consumer Research, 1993, 20（3）: 418-430.

② Babin B J, Griffin M. The nature of satisfaction: an updated examination and analysis[J]. Journal of Business research, 1998, 41（2）: 127-136.

③ Price L L, Arnould E J, Deibler S L. Service provider influence on consumer's emotional responses to service encounters[J]. International Journal of Service Industry Management, 1995, 6（3）: 34-63.

④ Edwardson M. Measuring consumer emotions in service encounters: an exploratory analysis[J]. Australasian Journal of Market Research, 1998, 6（2）: 34-48.

移动图书馆用户行为的发生是复杂的，认知因素与情感因素交互影响，共同影响用户满意度。对于可以免费使用移动图书馆平台的高校用户来说，认知对情感的影响系数（0.56）大于情感对认知的影响系数（0.20）。

第七章　移动图书馆服务质量优化体系建构

服务优化作为服务管理领域的重要议题，脱胎于20世纪制造业产品质量优化改进的管理实践，成形于服务业中用户满意度的提升方法研究。前文的研究已经证实，用户感知的移动图书馆服务质量可以从功能、技术、用户关怀的视角进行观测，而用户的质量认知会影响持续使用意愿，也影响用户满意度。移动图书馆服务质量优化体系建设对于推进未来移动图书馆的发展具有重要的意义。

一、移动图书馆的感知质量的优化模式

移动图书馆虽然在国内普及较快，但很多图书馆在推行移动信息服务方面，重建设、轻管理，导致移动信息服务系统并没有发挥出应有的效益[①]。随着移动互联技术及移动设备的进步，目前的移动图书馆服务的主要形式是以 APP 方式提供服务的，但移动图书馆 APP 的用户休眠和用户流失问题已引起图书馆界的警觉，无论是本项目数据调查还是相近研究项目的用户调查[②] 都证实了这种现象的存在。依托移动图书馆服务质量的感知优化是解决此项问题的重要思路，但移动图书馆感知质量的优化需要运用系统化思维进行思考。围绕移动图书馆服务质量这个主体（内核），还需

---

① 茆意宏 . 我国图书馆移动信息服务的现状与发展对策 [J]. 大学图书馆学报 , 2012, 30（2）: 35-41.

② 赵杨 , 高婷 . 移动图书馆 APP 用户持续使用影响因素实证研究 [J]. 情报科学 , 2015（6）:95-100.

关注需求引领、宣传推广和用户培训等外围的作用。

（一）以需求为引领，系统强化服务质量的各个维度

图书馆界重视服务质量的提升已成为一种必然。自 SERVQUAL 模型所包含的评价维度[①]（有形性、可靠性、响应性、保证性、同理心）被引入到图书馆界，引发了图书馆界服务质量评价的重大理念变化。美国 A&M 大学图书馆馆长库克（C. Cook）[②]认为：用户是评价图书馆服务质量的唯一标准。LibQUAL 在 SERVQUAL 模型的基础上，历经多个图书馆的试用和修正，已成为全球性的图书馆服务质量评价标准。LibQUAL 测评的最终目标是发现图书馆服务质量与用户期待的差距，为图书馆服务质量改进提供决策支持依据，A. Asemi 等人[③]使用 LibQUAL^{+TM} 对图书馆服务质量的感知和期望之间的差距进行分析进而提出优化建议，Y.T. Chen 和 T.Y. Chou[④]基于 LibQUAL 及其 SERVQUAL 原型构建学术图书馆的用户需求项，并识别出 5 个亟需改进的用户需求和相应的技术途径。根据 LibQUAL 的启示，以用户为中心，以需求为引领也是移动图书馆服务质量提升的必然方式。

1. 聚焦于功能需求的拓展

随着移动图书馆服务的普及及用户访问频率的增加，用户新的需求不断被激发。为提升用户满意度，促进用户的持续使用行为，移动图书馆服务提供者不仅对用户直接提出的需求进行满足，也应引导用户尝试潜意识中可能需要的服务功能。因此，要继续不断完善移动图书馆平台的基本服务功能，以信息服务中心，不断提供创新优质资源。要拓展移动图书馆服务项目，如支持语音查询与咨询服务、提供定位服务和地点查询，将空

---

① Parasuraman A, Zeithaml V A, Berry L L. SERVQUAL: A Multi-item Scale Measuring Consumer Perceptions of Service Quality[J]. Journal of Retailing,1988, 1988, 64（1）: 12-37.

② Cook C, Thompson B. Higher-Order Factor Analytic Perspectives on Users' Perceptions of Library Service Quality[J]. Library & Information Science Research, 2000, 22（4）: 393-404.

③ Asemi A, Kazempour Z, Rizi HA. Using LibQUAL+TM to improve services to Libraries: A report on academic libraries of Iran experience[J]. The Electronic Library, 2010, 28（4）: 568-579.

④ Chen Y T, Chou T Y. Applying GRA and QFD to Improve Library Service Quality[J]. The Journal of Academic Librarianship, 2011, 37（3）: 237–245.

间资源的利用与信息资源的利用都融入移动图书馆平台，进一步支持图书馆座位和教研室等空间资源的预约服务等。移动图书馆服务平台也可吸收其他移动端服务平台的经验与精华，将用户的日常生活需求、知识需求与信息资源需求的服务做一些结合和适当延伸，以提升用户的感知功能体验。

2. 聚焦于系统易用性需求的优化

页面是用户进入系统的入口，其中便于识别和易于使用是用户的关心重点。以页面色彩设计为例，红、黄、橙更具活力和积极性，而蓝色较为冷静和沉默，绿色代表通畅，倒角与渐变的阴影更容易提升用户感知，不同饱和度、对比度的色彩对于用户具有不同程度的唤醒与激发作用[1][2]，界面的设计重视美感，通过对色彩、形状、线条、布局、对比度等的控制，以增强系统或服务平台的吸引力[3]。移动图书馆服务平台也可以通过改变图标的尺寸、形状、颜色、形式、反馈和语言，呈现给用户直观的导航、有意义的标签、有效的查找方式、明确的信息线索等。考虑大多数人的使用习惯，有效利用"默认状态"或明确的建议选项减少用户负担。移动图书馆服务平台的易用性还需考虑用户在发生输入、检索或跳转等信息错误时，应提供友好提示或容错机制及安全隐私提示等。注重细节设计，增强用户体验，针对新用户与有经验用户的不同熟练水平，应提供机会让用户自行调整，围绕自身信息交流的优先次序，重新安排页面布局，降低页面复杂性。注重用户的自我表现，允许用户查阅个人数据报告，并由用户决定是否进行分享或公开。

3. 增强对交互性需求的关注

用户与信息的交互、用户与系统平台的交互、用户与用户的交互已成

① Norman DA. Emotional design: Why we love（or hate）everyday things[J]. Emotional Design Why We Love Everyday Things, 2004, 27（2）:115-116.

② Anderson SP. 怦然心动：情感化交互设计指南 [M]. 侯景艳，胡冠琦，徐磊，译. 北京：人民邮电出版社 ,2012: 87-99.

③ Bagozzi RP, Gopinath M, Nyer PU. The role of emotions in marketing[J]. Journal of the Academy of Marketing Science, 1999, 27（2）:184-206.

为移动图书馆服务质量提升必须系统化考虑的问题，其实质是鼓励用户参与，增强用户的使用情感和使用粘性。移动图书馆服务是传统图书馆服务的延伸，除了便于泛在获取信息资源外，还需要提供及时的咨询服务。移动图书馆服务平台要留有与用户交互的入口，要能够对用户的问题和意见建议提供即时有效的处理和回复。移动图书馆服务平台可以进一步建立与其他社会化网络服务平台的融合关联，以方便用户间沟通和交流，

（二）以推广为第一助力，增强用户认知及持续使用的可能性

移动图书馆作为一种新兴的服务模式，虽然具有便携性、不受时空限制、可以泛在访问的优点，但与以桌面电脑为依托的数字化服务方式相比，其用户使用数量及访问频率还有待提升。除了受制于移动设备的局限和有待不断改进的移动图书馆服务平台之外，用户观念和使用习惯也是一个重要影响因素。根据本研究对影响用户持续使用意愿的影响机制分析，用户的使用行为受认知影响，也受外部的社会环境影响，因此移动图书馆服务项目的推广活动具有重要现实意义。

移动图书馆服务之所以能成为图书馆新兴的服务方式，其便捷性、个性化、泛在性的优势迅速赢得了很多年轻用户群体的青睐。与传统图书馆信息服务相比，移动图书馆服务突破了时空的局限，可以随时随地开展服务，其前所未有的"移动性"让用户摆脱了使用位置的限制，便于用户更好地利用碎片化的时间。但移动图书馆服务有优势，也有局限，与既有的数字化信息服务方式相比，移动图书馆服务受到环境、屏幕和输入条件等的限制，特别是移动终端屏幕显示局限及移动设备系统处理能力不强，操作不够方便，在一定程度上影响了用户的使用感受，这种缺陷或不足影响移动图书馆用户数量增长。

为了改变这种现象，图书馆及其相关服务提供者应该加强宣传推广。宣传推广的定位应是在不断改进移动图书馆的功能质量、技术系统质量和用户关怀质量的基础上，不断总结和凝练移动图书馆的优势，增强移动图书馆对用户的吸引力。移动图书馆服务产品的吸引力将先于用户的意识和

思维水平，能对用户形成第一印象，进而影响用户对产品的喜爱程度、信任程度，以及使用的意愿。要通过宣传增强用户对移动图书馆服务优势的认知和服务质量的认知，要对用户群体进行分类，接受不同用户群体对服务质量感知存在差异的现实，采用不同的宣传推广策略。通过加强宣传的频率，创新宣传的方式，强化用户对移动图书馆服务优势的认知及其可能给用户带来的价值。

在宣传推广过程中，还需考虑用户选择的多样性和服务平台的可代替性，主动为用户降低转换成本。对于愿意长期使用移动图书馆的用户，应当提供适当的物质或精神奖励，促进其自身愉悦性的感知。要注重观察目标用户群所在的群体特征，每一个个体用户都会考虑自己所处群体环境的协调性与一致性，"社会影响"在持续使用意愿中的作用机制证明通过群体去影响个人的必要性。

加强宣传推广与提升移动图书馆服务平台质量还存在一种良性互动关系，更多的用户持续使用移动图书馆服务平台将会促进移动图书馆服务平台的迭代与更新，移动图书馆服务质量将会越来越高。

（三）以培训为第二助力，重视用户使用情感和满意度提升

培训是一种学习经历，有助于提升个体素质和自我效能，但也形成了对移动图书馆服务的体验。按照皮亚杰等学者的研究，人的素质形成与内化有关。内化是将外在的新的认知观点与自己原有的观点、信念结合在一起构成一个统一的态度体系的过程。在内化和发展中，体验起着最为重要的作用[①]。从心理学的视角来看，体验涵盖了感受、理解、联想、情感、领悟等多方面的心理要素。培训中的用户主体以自己的全部"自我"去感受、理解移动图书馆服务平台，发现移动图书馆服务平台与自我的关联而生成情感反应，并由此产生丰富的联想和深刻的领悟。经由培训或相近方式获得的移动图书馆体验将表现两个方面的特征：一是体验的情感性，即用户

---

① 陈佑清.体验及其生成[J].教育研究与实验，2002（2）:11-16.

将产生一种对移动图书馆服务平台的距离感、亲近感等情感反应；二是体验的意义性。用户将形成移动图书馆服务平台在自己心中的地位、意义、价值及其与自我同一性的把握和确认。

体验与认知不同，认知侧重于移动图书馆服务平台的客观性方面，认知的结果将形成对移动图书馆的质量、存在价值的客观把握，在认知活动中虽然也能产生体验，但这种体验不是对移动图书馆服务平台与用户主体关系的体验，而是认知活动本身与用户主体的需求发生了关联而产生的体验。

借鉴 B. H. schumitt 顾客体验理论①，经由培训而形成的用户体验也将经历意识—理解—形成态度—促进使用的过程，涉及感官体验、情感体验、思考体验、行动体验和关联体验。对移动图书馆的感官体验、情感体验、思考体验属于个体用户的体验，关联体验则属于一种群体体验，而行动体验则属于用户个体体验与群体体验的混合体。

鼓励开展群体性培训。培训的过程就是学习的过程，而学习的根本特征是情境性的。情境学习理论认为：个体与环境的相互作是形成能力以及社会的必经途径，个体与环境相互作用，共同构成动态的整体或系统。学习者通过与所处情境的相互作用，达到对情境的适应。每个个体都是在特定的共同体中学习、成长的②。在群体性培训过程中，个体会与他人讨论，寻求帮助、协调与所在团体之间的关系。

用户培训的过程也需要适时的赞美与鼓励，不仅偏重于完成任务与效率，还要传达快乐与开心。因为人类的行为总是倾向于迎接快乐，避免痛苦③。移动图书馆在培训活动中，重视用户的引导，简化任务，引导用户行为，关注群体差异，设计一些明确的操作规程，并给予用户物质奖励，使用户不仅仅得到切实的愉悦性和成就感，还激发用户继续使用的好奇心，

---

① Schmitt B H. Experiential Marketing：How to Get Customers to Sense, Feel, Think, Act, and Relate to Your Company and Brands[M]. New York: Free Press,1999.

② 姚梅林. 情境理论的迁移观及其教育意义 [J]. 心理学探新, 2003, 23（4）:13-16.

③ Brian K, Scott RG,Elliott W, et al. Neural predictors of purchases[J]. Neuron, 2007, 53（1）:147-156.

提升用户使用后情感的支配性。

（四）"一体两翼"的移动图书馆服务质量优化模式建构

移动图书馆服务质量优化方式设计和实施的优劣，直接决定了移动图书馆服务质量优化的成败，因而构建一个合适的优化模式，能够起到指导作用。

随着"以用户为中心"服务理念的不断深入，分析用户需求是一个平台建设发展的前提，而且正如前文对移动图书馆服务质量优化框架分析时，指出了解用户期望的变化，即准确识别用户的优化需求，是推动移动图书馆服务质量不断优化的动力来源，也是验证移动图书馆服务质量优化成效的参照依据。因而"需求引领"下的"服务质量"是移动图书馆服务平台优化的"主体"。

而前文对移动图书馆用户持续使用行为和用户满意的形成机制分析结果，说明从服务质量到感知价值再到用户持续使用意愿、用户满意是一个自然递进的整体过程，因而在良好服务质量基础上形成的用户满意、用户持续使用意愿在移动图书馆服务平台优化中发挥"两翼"作用。

而在移动图书馆建设和发展中，开展培训推广既是平台建设初期快速增加用户群体的举措，也是将用户从早期对移动图书馆平台简单了解和基础功能使用的阶段，提升到发掘深层次功能和增强使用信念的有效方法。培训活动，对应于提高用户使用移动图书馆的能力，即增强用户的自我效能；而推广活动，则能够让用户感受到使用移动图书馆正逐渐成为一种潮流，即增强平台的社会影响。因而自我效能和社会影响分别对应于用户内部和外部使用信念，可以看做是移动图书馆服务平台优化的"助推器"。

在分析出移动图书馆服务平台优化的"两翼""主体"和"助推器"的基础上。本研究提出如图7-1所示的移动图书馆服务平台"一体两翼"的服务质量优化方式，根据所涉及的6个方面，本研究将其命名为 D-Squat 模式，每个字母所代表的含义分别是 D（demand）需求、S（satisfaction）满意度、Q（quality）服务质量、U（usage）持续使用意愿、

A（advertising）宣传、T（training）培训。

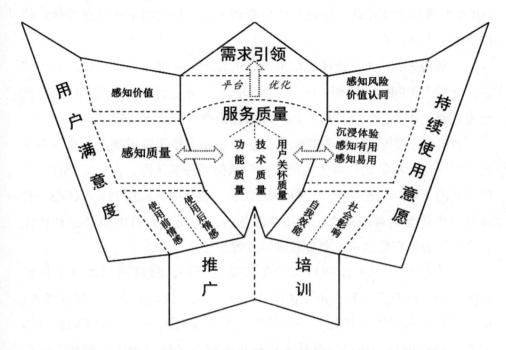

图 7-1 移动图书馆"一体两翼"服务质量优化方式（D–Squat 模式）

二、移动图书馆服务质量优化的主体实现框架

D-Squat 模式为移动图书馆服务质量优化提供了一个相对全面的理论思维。其中移动图书馆服务的功能质量、技术质量和用户关怀质量要依托移动图书馆服务平台才能实现。考虑到移动图书馆服务平台在 D-Squat 模式中主体核心地位，本项目以下研究内容将重点针对移动图书馆服务平台分析服务质量优化方案，并关注服务质量优化方案的可操作性。

（一）ITIL 及其应用于移动图书馆服务质量优化的适用性

PDCA 是全面质量管理的基本方法。PDCA，又叫质量环[①]，即计

---

① Deming W E. Out of the Crisis[M]. Cambridge, MA: MIT Press, 1986: 88.

划（Plan）、实施（Do）、检查（Check）、行动（Action）的首字母组合，PDCA 循环就是按照此顺序进行质量管理，被广泛应用于质量管理体系的持续改进问题。

一般说来，PDCA 管理框架遵循以下几个个步骤：分析现状，找出问题；分析产生问题的原因；区分主因和次因，并进行重要原因确认；拟定措施、制定计划；执行措施、执行计划；检查验证、评估效果。

PDCA 管理框架可以使我们的思想方法和工作步骤更加条理化、系统化、图像化和科学化，服务质量管理领域得到普遍认同，但目前 PDCA 应用存在的主要问题是缺乏解决问题的机制。现实中，依托 PDCA 核心的管理框架优化受到普遍重视，以持续服务改进为核心的 ITIL 就是这种优化的典型代表，在信息系统服务领域被普遍采用。

作为信息技术进步和移动设备普及的产物，移动图书馆从早期的 SMS、WAP 网页发展到占据主流的 APP 客户端、微信公众服务号等形式，都表明移动图书馆是依托于一定的系统平台实现服务的，即移动图书馆实质上是一种利用移动信息技术构建出的信息系统。因而在国际上被广泛认可的 IT 服务管理标准体系——IT 基础架构库（Information Technology Infrastructure Library, ITIL），为探索分析移动图书馆服务优化框架提供了很好的视角。

ITIL 是在越来越多的组织依赖 IT 实现组织目标和业务需求的背景下，由英国政府商务办公室（Office of Government Commerce, OGC）从 20 世纪 80 年代末开始推动建设的，是有关 IT 服务管理的一个最佳实践框架，目前已发展到第三版。同时，2005 年 ISO 基于 ITIL 框架制定了 ISO/IEC 20000 信息技术服务管理标准，这标志着 ITIL 从 IT 服务管理领域的事实标准提升至国际标准。

ITIL 整体的框架思路是，IT 服务是由人员、业务和技术组成，并结合这些元素来满足用户需求，同时需要对用户的需求和期望进行持续的评估，然后对实现服务的一系列流程进行改进，进而提升服务质量和用户满意度[①]。ITIL 由"服务战略""服务设计""服务转换""服务运营"和"持续服务改进"5 个部分组成，这些流程形成了一个链条，彼此相互关联，每个流程都提供反馈和控制点，而持续服务改进则贯穿于整个生命周期，即持续服务改进是流程所要实现的终极目标。

由于 ITIL 是基于流程的控制来实现持续服务改进的，这一思路符合管理控制中 PDCA（Plan—Do—Check—Action）思路[②]。简洁和容易理解的 PDCA 循环[③]强调的正是不断发现问题、解决问题的过程，常常被广泛应用于实现产品和服务质量的持续改进。与 PDCA 循环这一流程控制工具不同的是，ITIL 框架主要目的不在于明确组织实现质量管理的控制流程，而是一个帮助组织通过流程不断实现改进的学习工具。即 ITIL 不仅利用反馈进行自我强化和自我纠正行动，而且反馈存在于每个流程中，无须等到一个循环结束之后再纠正不足，如在服务设计到服务转换时，发现服务设计存在问题，ITIL 能够尽快确定改进机会。

通过分析，可以发现 ITIL 的理念和实施框架与移动图书馆服务质量优化过程和目标是极为一致的。首先，移动图书馆服务平台通过移动设备为用户随时随地提供图书馆资源和服务，体现了基于 IT 技术实现以用户为中心的理念。其次，实现移动图书馆服务质量优化也是一个整体的动态的过程，需要对用户需求、系统平台可用性以及服务成本进行更好的整体管理。

（二）基于 ITIL 的移动图书馆服务质量主体优化框架

ITIL 框架依托于持续服务改进理论，其核心思想是将服务改进划分为服务战略、服务设计、服务转换、服务运营四个阶段，构成服务优化的生

---

① 博恩. IT 服务管理——基于 ITIL® 的全球最佳实践 [M]. 章斌，译. 北京：清华大学出版社，2006：7-24.

② Deming W E. Out of the Crisis[M]. Cambridge, MA: MIT Press, 1986: 88.

③ Sokovic M., Pavletic D., Pipan, K.K. Quality Improvement Methodologies – PDCA Cycle, RADAR Matrix, DMAIC and DFSS[J]. Journal of Achievements in Materials and Manufacturing Engineering, 2010, 43（1）: 476-483.

命周期。各个阶段之间均存在输出与反馈，持续服务改进可以从任何一个阶段切入，而不需要每次都从服务战略阶段开始，如图7-2所示。

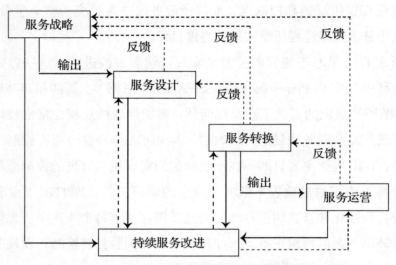

图 7-2 ITIL 服务生命周期各流程之间的交互

ITIL 的初衷是解决组织机构中出现的 IT 管理问题，以流程为核心提供客观、严谨、可量化的标准和规范，不仅提高解决意外事件和问题的效率，还分析引起意外事件或问题发生的潜在原因，识别服务中可能存在的故障，增进内部各级人员和外部用户之间的沟通，实现对业务功能及流程进行重新设计，通过配置管理将各个流程的职责落实到人，并注重持续分析和改进，达到从服务补救转变为主动预防。

由于移动图书馆服务质量优化中的用户优化需求和用户感觉不满的技术特征，体现了 ITIL 以问题为切入点，同时在服务质量优化时也要对内外部因素进行综合分析，因而基于 ITIL 框架，本文构建出如图7-3所示的移动图书馆服务质量优化的 STOC 框架。

遵循"建设—使用—优化—持续使用"的平台生命周期视角，忠实于用户使用这一大的目标，移动图书馆服务质量优化可围绕用户、技术平台、服务资源三个核心要素展开，涉及优化目标选择、优化项目确立、优化策略运营、优化效果评估四个环节，其中"优化目标选择"对应于"根据服务环境进行需求定位"，"优化项目确立"对应于"根据约束条件分析细化优化着力点","优化策略运营"对应于"根据可行性条件实施优化策略","优化效果评估"对应于"根据实施效果确定新一轮优化的必要性"。

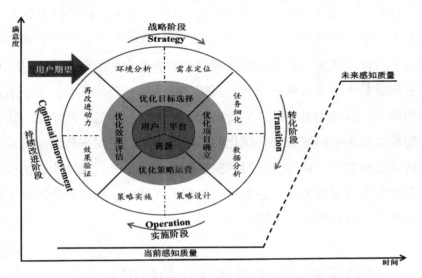

图7-3 移动图书馆服务质量优化 STOC 框架

参考 ITIL 的总体理念，本研究将移动图书馆服务质量优化框架表述为四个阶段：

①战略阶段（S 阶段）：即评估内外部环境，选择优化目标。内部环境主要是评估不断变化的用户期望，外部环境则主要是评估新技术与新环境不断衍生出来的新兴服务途径和内容。通过内外部环境的分析，发现用户的优化需求，识别出技术平台的优化方向。

②转化阶段（T 阶段）：在对用户优化需求和平台优化方向进行恰当描述的基础上，这个阶段需要分析用户优化需求与平台可以实现的技术特征之间的相关程度，同时需要考虑用户优化需求的重要性、技术特征的实现难度和优化成本这些约束条件，将上个阶段的战略分解为可操作的优化着力点。并通过收集这些环节相应的判断数据，进行综合分析，从而为形成确定具体的优化项目提供依据。这是移动图书馆服务质量优化的关键环节。

③实施阶段（O 阶段）：即根据转化的优化项目及可行性分析，确定优化策略，并配备相应的资源进行落实。

④进一步的持续优化阶段（C阶段）：通过评估优化效果，总结经验和不足，为下一步新的优化过程提供支持。

围绕用户、技术平台、服务资源三个核心要素，移动图书馆服务质量优化是一个层层递进的循环往复过程，在STOC框架应用下，移动图书馆服务平台通过实施一系列的优化策略，会将平台的发展建设，从当前的用户感知质量水平提升到一个新的高度，增强用户使用黏性，而随着用户使用的深入，移动图书馆服务平台出现新的需求和问题，需要进一步的优化。随着移动图书馆服务平台优化的不断推移，用户对平台的感知质量呈现出阶梯状的提高，最终实现用户满意度的不断提升。现实中，由于服务资源与技术平台密切关联，在本研究的相关表述中，会将此两者统一简称为移动图书馆服务平台（含资源）。

三、移动图书馆服务质量优化的实现方法

根据图7-3中的框架，移动图书馆服务质量优化主要包括以下几个环节：目标选择、项目确立、策略设计与实施、效果评估。其中"目标选择""项目确立"这两个环节优劣关系到后续环节的有效性。本小节着重讨论"目标选择"环节中的用户优化需求识别方法和对应的不满意的技术特征的识别方法，以及"项目确立"环节优化项目的优先度计算方法。

（一）移动图书馆优化需求的识别方法

发现、识别移动图书馆用户认为需要优化改进的服务需求，是成功实施移动图书馆服务质量优化的前提。

1. 优化需求识别方法选择思路

优化需求识别方法可以分为两类，一是定性研究方法，定性研究也被称为质性研究，可以通过参与式观察、开放式访谈、文本分析等方式来收集资料。另一类是定量研究方法，研究者主要通过通过调查、实验等客观计量手段收集资料，诸如结构化问卷调查、封闭式访谈、数学统计等。

定性研究方法与定量研究方法各有特点和优劣，都有其存在的价值。在具体的研究过程中，要根据研究目的与对象选择需要的方式，如有必要，可定量研究与定性研究结合起来[①]，相互补充，融合使用，以便于全面分析判断得出准确的结论。表7-1列出了定性研究与定量研究的差异与不同。

表 7-1 定性研究与定量分析对比表

	定性研究	定量研究
研究性质	描述性质化研究	揭示性量化研究
研究目的	探究事物质的规律性	依据统计数据揭示事物间的关系
理论基础	现象学、解释学、构建主义理论等	实证主义
学科基础	逻辑学、历史学	概率论、社会统计学
特征	专门性、初步性	敏感性、客观性、精确性
数据	笔记、访谈、问卷开放性问题、论文、社会媒体和网页内容	量化数据
数据特征	无结构，历史事实和经验材料	结构化，现实资料数据
表达方式	语言文字描述	数据、图形、模型
数据分析	逻辑推理、比较、归纳	数理统计方法
研究结论	获得对事物的理解	提供行动建议
缺点	主观性强、结果抽象	操作困难

回顾国内外对移动图书馆服务需求的研究，其需求识别方法均属于上述两种类型。目前由于移动图书馆普及较广，由服务提供者调研和归纳的用户兴趣点及基本需求在国内外移动图书馆平台已被实现，新形势下的用户需求研究应着力找准用户对移动图书馆服务平台的优化需求，即找到用户在基本需求期待之外的新增需求或者与基本需求类别相似但在需求深度有明显提高的需求。

用户开放式问答有于找到用户的新增需求，针对用户开放式问卷文本

---

① 崔岩 . 统计分析中的定量与定性研究 [J]. 现代经济信息 , 2011（11）: 106-107.

的定性分析方法具有较大的适用性。扎根理论是针对用户开放性问答文本进行定性分析的重要理论基础[①]。依托扎根理论，可对通过访谈和开放式问卷获取的数据进行三个层次的编码过程：①开放式编码：从开放式问答文本中发现概念类属，对类属加以命名，确定类属的属性和维度；②轴心式编码：发现和建立概念类属之间的各种联系，以表现文本资料中各个部分之间的有机关联；③选择式编码：在所有已发现的概念类属中经过系统的分析以后选择一个"核心类属"。[②]倘若根据用户的开放性表述，与预先归纳的用户需求无法很好对应的，则结合专家意见增设为新的优化需求。

2. 需求识别的定性分析工具选择

目前，可用于访谈或开放式问答文本分析的定性分析软件有 Nvivo，Atlas.ti，Qualrus 等多种工具。黄晓斌等[③]、胡萍[④]通过对比研究，发现 Nvivo、Xsight、MAXqda、Atlas.ti 四款软件是最具代表性的定性分析工具软件。

表7-2列出 Nvivo、Atlas.ti、MAXqda 三个工具软件的对比差异。

表 7-2　质性文本分析工具 Nvivo、MAXqda、Atlas.ti 对比

	Nvivo	Atlas.ti	MAXqda
网址	http://www.qsrinternational.com/	http://atlasti.com/	http://www.maxqda.com/products
文本格式	Doc、pdf、xls 等	txt、doc、pdf、html 等	txt、PDF、doc、xls 等
资料存储	内部资料库，所有相关资料都存储在项目中	外部资料库，原始资料存储外部路径	内部资料库
资料管理	群组分类个案管理多个文档	每个文档独立存在	群组分类
编码类型	自由节点、树状节点、关系节点、案例节点	引用节点、家庭节点	常规节点

① Strauss A, Corbin J. Basics of qualitative research: Techniques and procedures for developing groundedtheory [M]. Thousand Oaks：Sage Publications, 1998:5-12.

② 彭影. 扎根理论资料分析法在精神分裂症病人护理研究中的应用 [J]. 护理研究, 2013, 27（34）:3912-3914.

③ 黄晓斌, 梁辰. 质性分析工具在情报学中的应用 [J]. 图书情报知识, 2014（5）: 4-16.

④ 胡萍. 质性分析工具的比较与应用研究 [D]. 长沙：湖南师范大学, 2012: 36-38.

续表

	Nvivo	Atlas.ti	MAXqda
编码特色	多文件交互操作编码；多文件合并统一编码	多个文档同时编码；编码操作速度快	颜色、符号、情感编码，自动编码
编码整理	树状节点	点对点匹配	分层结构
查询功能	模糊查询，查询编码，词频统计	利用编码节点进行查询进行编码	查询功能较弱
注释（笔记）	单一片段（字、词、句、段落、案例、文件）可建立注释；注释内容可进行编码	多对多注释；注释内容不可以编码	所有数据片段都可以建立注释；注释内容可以编码；注释可以连接任何数据片段
连接	除段落外，任意事件间可以建立参考连接	事件间可任意连接	编码之间不可以连接
可视化	结构图、矩阵、交叉表	云视图、网络视图	共词图、频率图
中文版	有	无	有
协作	支持	支持	支持
侧重	研究分析功能	软体功能友善（操作简单灵活，界面友好）	编码操作简单、人性化
优势	编码功能强大	查询功能优越输出结果多元化	后续质性数据处理、分析

由上表可知，三款软件各有优劣，但总体来看，Nvivo 软件在图书情报学界的应用基础较好，被认可程度高，本研究拟采用 Nvivo 工具软件进行移动图书馆开放式问答文本的用户优化需求识别，数据编码思路如下：

①收集数据；

②选择数据测试集，导入 Nvivo 工具软件，对原始资料进行段落化整理；

③自底向上，先浏览和阅读文本数据的词语、句子、段落这些片段信息，逐段逐行进行浏览编码，建立节点；并对其命名形成自由节点原始体系，之后在归纳总结的基础上建立树状节点对自由节点进行归类、整合、综合和组织，形成完整的节点体系；

④组织学术团队对节点具体特征描述及节点归类的合理性和可靠性分析；

⑤自顶向下，使用所建立的节点体系对样本数据进行节点统计与分析，从而找出用户对移动图书馆服务平台的优化需求。

（二）移动图书馆技术特征的不满识别方法

移动图书馆优化目标不仅包含用户优化需求的识别，而且包含对实现用户优化需求的技术特征的确立。因为用户对需求的表达常常模糊或不够精确，明确需求的技术特征其实质就是对需求的内涵做进一步的挖掘，以提高移动图书馆服务质量优化的针对性。

技术特征是对用户优化需求的进一步解读，其中引发用户不满的技术特征对于移动图书馆服务质量优化有现实意义。移动图书馆服务质量就对应着这些技术特征的实现程度。

目前关于不满的识别方法有关键事件调查法、Shapley 值法等。关键事件调查法所获取的数据仍属非结构化文本，需辅之以定性分析方法，而Shapley 值法则可以针对结构化数据进行定量化分析。考虑到在用户优化需求识别的基础上，用户针对需求的技术特征调查可以采用结构化问卷获取数据，因此本研究拟尝试采用 Shapley 值法 [1] 进行不满的技术特征识别。

1. 应用 Shapley 值法识别移动图书馆不满因素的适用性分析

Shapley 值，中文翻译为沙普利值、夏普利值或夏普里值，是诺贝尔经济学奖获得者 L.S. Shapley 基于合作博弈所提出的以个人贡献度为基础的整体价值分配计算方法。M. Conklin 和 S. Lipovetsky 认为 Shapley 值法不仅具有应用于市场决策分析的优势 [2]，而且可用于识别影响零售商店顾客满意的关键不满意因素和关键改进因素 [3]。焦建玲 [4] 等人运用 Shapley 值法分

---

① 沈军威，郑德俊，万虹育. 基于 Shapley 值法的移动图书馆服务质量不满因素识别 [J]. 情报理论与实践,2016（10）: 86-90.

② Lipovetsky S, Conklin M. Marketing decision analysis by TURF and Shapley value[J]. International Journal of Information Technology & Decision Making, 2005, 4（1）: 5-19.

③ Conklin M, Powaga K, Lipovetsky S. Customer satisfaction analysis: Identification of key drivers[J]. European Journal of Operational Research, 2004, 154（3）: 819-827.

④ 焦建玲，张九天，韩智勇，等. Shapley 值及其在职称评审中的应用 [J]. 运筹与管理,2005（1）: 119-122.

析高校职称评定各指标的影响力问题。杜亚灵和朱秀文[①]使用shapley值方法分析了我国第三方物流企业顾客不满意的关键因素和能够使顾客愉悦的关键因素，王元华和唐伟[②]也分析了Shapley值适用于识别导致顾客不满意的质量属性。以上探索为本研究提供了很好的借鉴。

Shapley值的出发点是，在n人合作博弈中，根据每个参与人员对联盟的边际贡献分配联盟的总收益。同时组成联盟的成员不再关心自己的特殊利益，而是为整个联盟的最大利益而努力。作为合作博弈的一个重要的解，Shapley值法兼顾了个体理性和集体理性，满足"纳什均衡"的一般要求。

Shapley值的求解公式如下：

$$\varphi_i(v) = \sum_{S \subseteq N} \frac{(s-1)!(n-s)!}{n!} v(S-i) \qquad \text{公式（7-1）}$$

其中 N 是合作博弈参与成员的集合，即 $N=\{1,2,3\cdots,n\}$，n 是合作博弈的参与成员总数。S 表示为 N 的任意子集，也称为合作博弈的一个联盟。s 表示联盟 S 中所含成员的个数，而（$S-i$）集合则表示 S 中除了 i 之外的其他成员组成的联盟。v（S）是评估每个联盟 S 效用水平的特征函数，即联盟 S 的收益。根据 v（S）$-v$（$S-i$），就可以得出成员 i 对联盟 S 的边际贡献。因而 φ_i（v）就表示第 i 位成员的应得分配，即 Shapley 值。

如果我们将共同影响移动图书馆服务质量的多个技术特征因素视为合作博弈，而各因素即为参与成员，联盟的共同目标就是移动图书馆服务质量的提升。运用 Shapley 值法可以衡量各个因素在移动图书馆服务质量控制中的贡献程度，即其重要性程度，从而合理充分地配置有限资源，实现最大限度地提升移动图书馆服务质量。

根据对用户的调查，获取有效可靠的数据，对质量维度的标记顺序并

---

① 杜亚灵, 朱秀文. 鉴定顾客满意的关键因素 [J]. 北京科技大学学报（社会科学版）, 2005（2）：87-93.

② 王元华, 唐伟. 夏普里值在顾客满意度测评中的应用研究 [J]. 数学的实践与认识, 2008, 38（21）：44-49.

不影响结果计算，基于有效数据中的全体用户看法来识别移动图书馆服务质量的关键不满因素满足 Shapley 值求解的基本前提，即有效性公理、对称性公理和可加性公理。因此将 Shapley 值方法应用于与移动图书馆用户优化需求相对应的不满技术特征的识别，在理论上是适用的。

2.Shapley 值法应用的具体步骤

（1）Shapley 值的计算

根据 Shapley 的计算公式（7-1），要确定联盟成员应得分配的 Shapley 值，首先要确定表示联盟收益的特征函数 v，而特征函数的确定是 Shapley 值研究的难点。计算 Shapley 值可由专家打分法获取数据计算特征函数，也可直接使用用户的调研数据计算特征函数。本研究拟采用 M.Conklin 和 S.Lipovetsky 所提及的方法，通过广泛的用户调研来获取数据，以计算特征函数 v。

计算特征函数的具体思路如下。

以使用李克特5级量表进行用户调研（1分代表"非常不满意"、5分表示"非常满意"）为例，调研时请用户对各个技术特征因素进行打分，同时也对整体服务质量进行打分。用 D 指代用户对移动图书馆整体服务质量不满意（打分小于3），则 D′ 表示用户对整体服务质量满意（打分大于等于3）。用 F 表示用户对服务质量众多因素中的某个子因素不满意（打分小于3），则 F′ 表示对该子因素满意。我们可以用各种样本数据的比值关系来估计各种概率，计算方法为：

$$P(F \mid D) = \frac{\text{既对维度i不满意又对整体服务质 量不满意的样本数}}{\text{对整体服务质量不满意 的样本数}}$$
公式（7-2）

$$P(F \mid D') = \frac{\text{对维度i不满意但对整体服务质 量表示满意的样本数}}{\text{对整体服务质量表示满 意的样本数}}$$
公式（7-3）

合作博弈特征函数为

$$v(M) = P(\sum M > 0 \mid D) - P(\sum M > 0 \mid D')$$
公式（7-4）

在公式（7-4）中，M 是服务质量子因素集合的子集，M>0则表示的是对这个子集中的任一子维度都不满意的样本数。

在计算出特征函数的基础上，再根据公式（7-1），计算影响移动图书馆服务质量的各个子因素的 Shapley 值。

（2）计算 success 值，以识别不满意因素

在识别关键因素时，M.Conklin 和 S.Lipovetsky 在计算出 Shapley 值的基础上，又根据公式（5-2）、（5-3）构造出 success 函数，具体计算方法如下：

$$success = reach - noise = P(F \mid D) - P(F \mid D') \qquad 公式（7-5）$$

公式（7-5）中 reach 表示的是在对整体服务质量不满意的前提下用户对子因素的不满意率，noise 则表示在对整体服务质量满意的前提下用户对子因素的不满意率。研究目的是为了准确识别技术特征中用户的关键不满意因素，因而为了提高成功率，以整体服务质量不满意为前提的 reach 值越大越好，而以整体服务质量满意为前提的 noise 值越小越好，即 success 函数越大越好。success 值比较大的维度，引发用户不满意的作用就越大。

先对计算出来各个子维度的 Shapley 值进行重要性排序。根据降序排列结果，采用累积的方式计算出各因素联盟的 success 值，使 success 值递增的前 x 个因素即为识别出的影响用户对移动图书馆服务质量中关键不满意技术特征。

（3）Shapley 值法结果验证

当用 Shapley 值法分析识别出用户不满意的关键因素后，为了对照和验证识别结果的正确性，可运用归因危险度分析理论作为补充验证工具，计算归因危险度（Attributable risk，AR）和相对危险度（Relative risk，RR）的值，如果按照这些数值识别的结果与 Shapley 值法的识别结果一致，就可以表明识别结果的正确。

归因危险度（AR）主要使用上文中相对应于用户对移动图书馆服务质量及其各个子因素满意或不满意的代码（用 N 表示样本总数），可以表示为：

$$AR = \frac{NP(D) - NP(D\,|\,F')}{NP(D)} = 1 - \frac{P(D\,|\,F')}{P(D)}$$ 公式（7-6）

相对危险度（RR）是与归因危险度相对应的概念，使用上文的代码，计算方法如下：

$$RR = P(D\,|\,F) / P(D\,|\,F')$$ 公式（7-7）

由公式（7-2）、公式（7-3）和公式（7-6），可以得出 AR 和 RR 之间的关系式：

$$AR = reach(1 - \frac{1}{RR})$$ 公式（7-8）

根据公式（7-8），归因危险度 AR 是一个百分数，AR 越大说明用户对该因素不满和对整体服务质量不满意的相关性越强。而相对危险度 RR 比值范围在 0 至 ∞ 之间，当 RR=1，表明用户对某因素不满意与用户对整体服务质量的不满意无联系；而 RR>1 时，表明两者存在正联系，比值越大，联系越强。因此，在识别关键影响因素时，首先分析 success 值的变化，提取出能够使 success 函数达到最大值的因素联盟，再使用 AR 和 RR 值是否越来越大进行辅助判断，从而确定与用户对整体服务质量不满意之间联系最大的因素联盟。

（三）移动图书馆优化项目的确立方法

在用户优化需求的识别和不满特征的识别完成之后，移动图书馆服务质量优化还必须落实到具体的优化项目，即考虑服务质量优化过程中可能涉及人力、财力、技术、时间等资源约束，综合进行移动图书馆服务平台的用户优化需求权重分析、技术特征重要性分析、需求与技术特征的相关分析、市场竞争表现分析、优化成本分析。本研究借鉴质量功能展开（QFD）方法中质量屋相关数据计算思路，并提出优化改进指数计算方法，以简化质量屋在实际应用中的难度，增强可理解性。

质量功能展开（Quality Function Deployment, QFD）是把用户对产品的

需求进行多层次的演绎分析，转化为产品的设计要求、产品细节特性、产品设计过程要求的质量工程工具，用来指导相关产品的健壮设计和质量保证。这一技术产生于日本，在美国得到进一步发展，并在全球得到广泛应用。质量屋是质量功能展开（QFD）运用的核心，是顾客声音和技术人员声音的"桥梁"，因而是最基本和最具战略性的阶段。研究人员认为质量屋在服务质量改进中更具有适用性和可行性，并把质量屋当作服务质量改进或服务产品创新中重要的决策和评价工具。王砚羽[①] 分析发现服务的特点和质量屋方法的核心思想相吻合：服务的同时性要求用户的参与，这是质量屋原理的关键；服务的无形性要求服务机构重视对用户感知服务质量的把握和控制，这一点是质量屋要解决的问题；服务的非存储性要求服务机构更加注重用户满意和对产品的依赖，这是质量屋要达到的效果。

从现有的研究成果看，质量屋用于服务质量优化的主要优点体现在：构建用户需求简单质量屋，直观，方便确定评价指标体系；关注用户个性化、差异化需求，提升产品或服务用户满意度；定量化分析，直观、科学，避免主观意识太强的缺陷；促进信息流通，可操作性较强，有助于实现资源优化配置。但质量屋用于服务质量优化也存在不小的缺点：使用该方法涉及较多较大规模的矩阵计算，数据处理过程复杂，量化中指标重要度排序等不可避免带有主观意识，且质量屋模型使用要监测用户动态需求，工作量大，任务重，使用成本较高。

在图书情报研究领域，研究人员使用质量屋评估服务质量[②]，找出影响图书馆服务质量的主要因素[③]。他们研究的结果表明，质量屋在图书馆服务的质量控制过程中起连接用户需求和序化图书馆服务的影响因素，从而起到指导图书馆服务的作用。施国洪等[④] 构建移动图书馆用户需求评估模型质量屋，评估移动图书馆用户需求，综合考虑质量特性的重要度和技术难度来确定

① 王砚羽. 服务质量屋的改进与应用研究 [D]. 南京：南京航空航天大学，2012: 23.

② 王荣祥. 基于 QFD 的图书馆服务质量评估方法研究 [J]. 图书情报工作，2011, 55（5）:23-27.

③ 刁羽. QFD 技术在地方高校图书馆服务质量管理中的应用 [J]. 图书馆理论与实践，2014(1):74-76.

④ 施国洪，张晓慧，夏前龙. 基于 QFD 的移动图书馆用户需求评估研究 [J]. 图书情报工作，2014（11）: 46-51.

需改善的用户需求项，证实了质量屋能够缩减服务设计的成本和时间，并为移动图书馆服务质量和用户满意度的提升确定更为具体的实现方向。

但现有研究也表明独立使用质量屋方法进行图书馆服务质量优化，无法避免前文提到的种种缺陷，所以质量屋方法可以配合其他方法使用，定量研究和定性研究相结合，如层次分析法、专家分析法确定指标重要度，调查问卷法确定重要度排序，模糊理论帮助确定用户需求多样性和差异性，集值迭代法帮助计算等等。

1. 质量屋中所需要的关键指标

（1）优化需求重要性

优化需求重要性指用户对各项优化需求定量评分的相对比重，通过对资深用户、图书馆员、移动图书馆的产品开发人员进行调查来综合判断。

（2）需求与技术特征的相关分析

相关矩阵是描述用户优化需求同实现这些需求的技术特性之间的相关程度，邀请经验丰富的移动图书馆建设者、提供者、研究人员对用户优化需求和技术特征之间的相关性进行判断，有助于移动图书馆服务质量优化工作的顺利开展。

（3）技术特征重要性

由于技术特征的落实是依托于移动图书馆的技术开发人员，因而他们对技术特征的重要性判断为移动图书馆服务质量优化提供专业视角分析。

（4）市场竞争表现

它通过了解本产品和对手产品市场表现的比较来实现，邀请移动图书馆建设者、提供者和研究人员进行市场竞争性判断，并使用本产品表现和竞争对手表现的比值表示本产品的市场竞争力。

（5）优化成本

由于移动图书馆服务质量优化工作必然需要投入人力、财力、技术、时间等资源，因而判断技术特征的优先级别和资源耗费，能够增强优化工作的可行性。同样可以邀请移动图书馆建设者、提供者和研究人员结合自身的工作实践，来进行判断。

2. 基于 QFD 方法的相关指数指标计算

质量屋作为 QFD 的核心工具，为数据的收集分析提供了框架，但缺乏将众多环节的数据整合为一个清晰的判断指标。本文依托质量屋的核心架构，从平台内部、外部将优化过程的各个环节进行区分，并据此提出一个综合考虑内外部评估的优化指数

（1）外部评估指数

在移动图书馆服务质量优化工作中，用户优化需求移动图书馆服务质量优化的外在推动力，而市场竞争则带来外部压力。同时，由于用户优化需求只有转化为相应的技术特征，才能为移动图书馆服务质量优化指明方向，因而判断需求和技术特征的相关性，是移动图书馆服务质量优化工作的关键。为了更好地诊断移动图书馆平台自身的问题，有必要引入外部用户和第三方专家学者识别优化需求，判断市场竞争表现、需求和技术特征相关性。

在优化需求识别上，除了使用频率较高的资深用户建议，图书馆员对于图书馆功能和用户服务的实践有更深的认识，而产品开发人员作为移动图书馆平台的建设者，他们也是平台的第一使用者。因而有必要对资深用户、图书馆员、产品开发人员三者进行调研，准确全面识别出移动图书馆的优化需求。

同时由于用户和技术开发人员对平台的关注点不同，邀请经验丰富的移动图书馆产品经理、图书馆管理人员、研究人员对用户需求和技术特征之间的相关性进行判断，能够弥补这种差异。而且对市场竞争的判断，也有赖于这些专家的丰富经验。

在质量屋分析需求 – 技术特征相关程度[1] 的基础上进行拓展，本研究提出需求 – 技术 – 市场关联度这一概念，用 DTM（Demand–Technology–Market）表示。作为移动图书馆服务质量优化的外部评估指数。

$$DTM_j = \sum_{i=1}^{m} W_i \times T_{ij} \times M_i \qquad\qquad 公式（7-9）$$

---

[1] 曹莉 . 面向质量改进与顾客互动机制的质量屋的建立 [J]. 计算机科学 , 2007, 34（3）: 276-278.

W_i 表示第 i 个用户优化需求的权重，其中 m 代表的是优化需求的总数量。T_{ij} 则表示第 i 个优化需求与第 j 个技术特征之间的相关程度值。M_i 指的是在第 i 个优化需求上的市场竞争表现，用本产品表现与竞争对手表现的比值进行表示。

（2）内部评估指数

移动图书馆服务质量的优化，需要平台内部管理人员和开发人员将外部用户优化需求进行落实。因而移动图书馆的技术开发人员可以判断具体技术特征的重要性程度，而优化工作必然需要投入人力、财力、技术、时间等资源，因而管理人员判断技术特征的优先级别和资源耗费程度，能够增强优化工作的可行性。

借鉴王砚羽[1]将质量收益和质量成本之差作为改进经济学分析的思路，本研究将开发技术人员的技术特征重要程度、优化资源耗费程度、改进优先级别3个调查数据进行结合，作为移动图书馆服务质量优化决策时组织内部评估集合，并用优化决策指数IDS（Improvement Determine Index）表示。

优化决策指数 IDS 是通过（改进优先级别 + 技术重要性 – 优化资源耗费度）计算得出的。

（3）整体计算指标——优化改进指数

由于需求和技术特征之间的相关性是质量屋的核心，而且这种相关性也能够将移动图书馆平台的外部和内部评估数据连接起来。因而本研究构建计算出每一个技术特征的优化改进指数 SII（Service Improvement Index）。

$$SH_j = DTM_i \times IDS_j \qquad \text{公式（7-10）}$$

其中通过将平台优化的内外部评估数据进行整合，实现把用户优化需求、技术特征、市场表现、优化决策进行综合考虑，从而也实现了管理决策、实践和方法立足于明确的数理证据之上，即基于数据的优化决策。

---

① 王砚羽 . 服务质量屋的改进与应用研究 [D]. 南京：南京航空航天大学，2012: 23.

第八章　移动图书馆平台服务质量优化的案例实证

在厘清移动图书馆服务质量优化工作的管理流程，构建了移动图书馆服务质量优化理论框架 STOC 之后，围绕移动图书馆服务质量优化的实施过程，本研究提出了优化目标的识别方法和优化项目确立的数理指标 SII，从而为实现移动图书馆服务质量优化工作的有形化提供解决方案。

本章节选取现实中具体的移动图书馆服务平台，进行优化改进实验，以验证优化方案和优化策略的实施效果。

一、实证对象的选取

某移动图书馆平台从 2011 年开始建设发展 APP 客户端，目前高达 90% 的 211、985 高校图书馆都使用该移动图书馆客户端，而且 APP 客户端的服务方式逐渐成为当前用户使用移动图书馆的主流。因而本研究选取该移动图书馆 APP 客户端作为服务优化的实证对象，从优化目标、项目确立、优化策略设计与实施、效果评估四个方面进行实证。

二、优化目标的选定过程

（一）优化需求识别过程

本研究在 2015 年联合某移动图书馆平台开展有奖调研，并将调查问卷嵌入到该移动图书馆 APP 客户端中，历时两个月收集得到11723位用户填写的开放建议结果，获取使用该移动图书馆平台超过三个月以上，且每周使用超过两次以上的资深用户建议3912条，在与课题组之前移动图书馆需求调研成果进行匹配的基础上，使用 NVIVO 软件进行了需求分析，具体过程如下：

将3912条数据文档分为四段，每段约有1000条数据，方便编码标记。

1. 开放式编码

进入编码界面，逐条浏览数据，逐字逐词逐句进行分析和编码。如这条数据"希望能够有更多的网络公开课，书籍的更新速度更快"，对其进行编码"网络公开课"和"书籍更新"节点；这条数据"1.可以优化搜索检索系统。2.如果能够通过手机 APP 下载学术论文就好了，目前只能传送，望改善。3.国外期刊论文不能下载啊，这是最大的遗憾"，对其进行编码"检索优化""下载期刊论文"节点。

经过上述编码过程形成215个分散的自由节点，对这些节点进行整理形成相对规范的节点体系。如"网络公开课""书籍种类""电子期刊""电子书数量"等与资源数量、范围、种类、内容等相关的节点统一编码为"丰富资源"节点，代替原有节点，形成相对规范化的节点名称，共得到41个相对规范化的自由节点。

2. 轴心式编码

在对用户优化需求相关的自由节点进行归纳的过程中，笔者发现自由节点的所属的主范畴、子范畴与课题组前期所建立的移动图书馆服务质量测评量表维度基本重合，本书参考该研究成果，除少数节点名称调整外，多数节点使用了与移动图书馆服务质量测评维度相近的主范畴名称与子范畴名称作为树状节点名称，对自由节点进行归类、组织，形成包含10个树状节点、41个自由节点在内的节点体系。例如将"丰富资源""拓展功能""特色服务"等自由节点归入"功能丰富性"这个树状节点。

3. 选择式编码

对编码进行汇总后，本研究组织由2位专家、2位博士生、4位硕士生组成的小组对节点特征及节点归类的合理性和可靠性进行了讨论，根据小组讨论意见对树状节点和自由节点之间的关系进行了梳理，并对节点名称进行了修正和完善。树状节点仍维持为10个，部分相近内涵的自由节点进一步被合并调整，由41个调整为35个。

　　由于某移动图书馆平台服务不断更新，前期调研数据中的部分需求已在新版本中得到了体现，本研究又将35个自由节点与现实中该移动图书馆平台已进行过的优化改进之处进行了对应，总结整理出25项用户认为有待进一步改善的需求。经过与资深用户、技术人员、管理人员进行访谈，合并了部分需求，最终确定了21项用户优化需求。具体如表8-1所示。

表 8-1　某移动图书馆平台的用户优化需求

序号	具体优化需求
yh1	热门资源、经典图书推荐
yh2	支持用户荐购资源，回应积极
yh3	完善特色功能介绍、使用帮助
yh4	设置用户交流讨论平台
yh5	完善用户分享书评、专业资料等资源
yh6	支持即时咨询图书馆员，在线答疑
yh7	完善图书馆座位、研讨室管理
yh8	加强与高校教务系统、公开课、社交网站等平台的融合
yh9	完善用户定制和收藏自己感兴趣的资源
yh10	支持图书馆联盟，便于用户借阅、利用各个图书馆资源
yh11	增强用户隐私保护
yh12	增强资源检索的便捷性，完善资源分类
yh13	支持馆藏资源导航，精确定位所需馆藏
yh14	对资源进行内容介绍，便于用户了解、阅览
yh15	完善用户自定义设置界面、字体阅读模式等
yh16	完善移动阅读时的复制、标注、笔记等功能

序号	具体优化需求
yh17	移动阅读时，资源自适应屏幕，方便用户清晰阅读
yh18	运行稳定、流畅，如降低客户端大小、提高资源下载成功率等
yh19	支持同步功能，减少用户更换移动设备等重新添加资源的麻烦
yh20	根据用户特征、借阅浏览记录，提供针对性的资源推荐、学科动态等服务
yh21	完善高校毕业生、非高校用户使用移动图书馆服务

（二）技术特征的不满识别过程

使用课题组在前期研究中所构建移动图书馆服务质量多维多层评价模型，将该模型中的"功能丰富性""功能适用性""易学易用性""安全稳定性""支持用户参与"和"支持个性化"这6个子维度看成是合作博弈的参与成员，将6个子维度作为影响移动图书馆服务质量的自变量，同时让用户对整体服务质量进行直接打分以作为因变量。在调研用户对某移动图书馆平台具体技术特征（服务质量子维度）的感知质量时，直接使用课题组前期研究中所构建的具体量表。

同时为了使调研数据能够真实反映某移动图书馆平台服务质量的认知现状，在调研时仍选择使用移动图书馆服务在3个月以上，且每周使用频率2次以上的资深用户数据作为数据源。

在2015年1月1—1月15日通过发放在线问卷，共计回收到资深用户有效问卷172份，地域范围涉及了全国27个省份，其中北京、上海、广东、四川、江苏的调研对象最多。男性用户98人，女性用户为74人。高校学生占到总人数的92.4%，大一大二学生人数最多，为74人。在学科专业方面，覆盖了主要的学科类型，其中57%的用户为理工科，其次为管理学，占比为11.6%。将近40%的用户使用移动图书馆已经达到半年至一年，而已经使用一年以上的用户与3—6个月的用户数量基本一致。调查对象中，每天使用移动图书馆的用户几乎持平每周使用2次以上的用户，基本各占一半。目前某移动图书馆平台服务的方式包含短 / 彩信、WAP 网页、APP 客户端、微信公众平台，其中61.6% 的调研对象只使用移动图书馆 APP 客户端，既使用 APP 客户端又使用其他服务方式的调研对象占比为23% 左右，这两个比例符合某移动图书馆平台服务目前主要以 APP 客户端为主的现状。

根据公式（7-2）的定义，在172份样本量中，其中27个调查对象对移动图书馆的整体服务质量表示不满，占比为15.7%。

在计算 Shapley 值时，分别使用 A、B、C、D、E、F 指代"功能丰富性""功能适用性""易学易用性""安全稳定性""支持用户参与""支持个性化" 6个服务质量子维度，按照上文方法计算6个子维度组合的特征函数，从而计算出各自的 Shapley 值。计算结果满足 Shapley 的有效性公理，即：

$$\varphi_A(\upsilon) + \varphi_B(\upsilon) + \varphi_C(\upsilon) + \varphi_D(\upsilon) + \varphi_E(\upsilon) + \varphi_F(\upsilon) = \upsilon(ABCDEF)$$

6个服务质量子维度的 Shapley 值比重见图8-1，"安全稳定性""功能适用性" 2个子维度在用户对移动图书馆整体服务质量不满意的贡献最大，其次为"支持用户参与"和"功能丰富性"，贡献最低的是"支持个性化""易学易用性"。依据这个排序，我们进一步统计分析得出见表8-2的计算结果，以准确识别关键不满意因素的联盟。

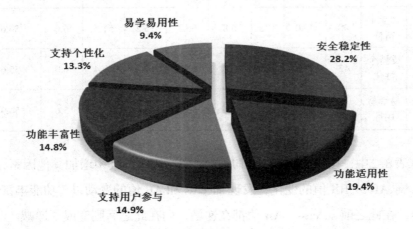

图 8-1　各个服务质量子维度的 Shapley 值比重图

表8-2首先根据对子维度是否不满意，将调研对象分为两个分组，并按照 Shapley 值的降序排列结果累积统计两个分组在子维度及其联盟中表示不满的样本数，即在联盟中任意一个子维度表示不满意的数量。

分析表8-2，从数值来看，"安全稳定性"排在首位，最先被识别出来。该子维度的 reach 值为48.1%，而 noise 值则只有5.5%，因而 success 值为42.6%，相应的 AR 值为40.9%，RR 值则为6.68。通过与用户的交流，其原因是在使用移动图书馆平台过程中，有时会遭遇系统崩溃，这直接影响了用户的使用体验。

表 8-2　确定关键不满意因素

Shapley 值降序排列		子维度 不满意组		子维度 满意组		success 函数统计量			验证统计量	
		累积 n	n 中对整体不满意率 %	累积 n	n 中对整体不满意率 %	Reach %	Noise %	Success %	Relative Risk	Attributable Risk%
1	安全稳定性	21	61.9	151	9.3	48.1	5.5	42.6	6.68	40.9
2	功能适用性	27	51.9	145	9.0	51.9	9.0	42.9	5.78	42.9
3	支持用户参与	38	42.1	134	8.2	59.3	15.2	44.1	5.13	47.7
4	功能丰富性	40	45.0	132	6.8	66.7	15.2	51.5	6.6	56.6
5	支持个性化	43	41.9	129	7.0	66.7	17.2	49.4	6.0	55.6
6	易学易用性	45	40.0	127	7.1	66.7	18.6	48.0	5.6	54.9

在表8-2中，按照 Shapley 值排序的结果，依次向其中增加其他因素，观察 success、AR 或 RR 值的变化，发现 success 和 AR 值的变动以"功能丰富性"为分界，在此之前 success、AR 值都在递增，而在此之后则变成了递减。

因而，本文得出"安全稳定性""功能适用性""支持用户参与""功

能丰富性"4个因素的集合是识别出来的影响用户对移动图书馆服务质量
的关键不满意因素联盟。

　　识别出关键不满意因素，可以明确移动图书馆服务质量的薄弱环节。
考虑到引发不满意的因素仍然很多，在不考虑人员、资金、技术等约束条
件下，本文根据用户调研数据，在关键不满意因素联盟中识别出可以优先
改进的服务质量控制点。

　　数据计算方法与识别关键不满意因素基本一致，差别在于：这个阶
段是为了识别关键满意因素，因而在这个计算过程中，计算公式中的 F 对
应的是用户对服务质量众多维度中的某个子维度非常满意（打分等于5），
计算公式中的 D 则表示用户对整体服务质量表示非常满意（打分等于5），
而 D′ 则表示对整体服务质量表示不满意。而且这一阶段是为了识别能够
使用户非常满意的的关键因素，因此在计算之前，还需要剔除那些在已经
确定为关键不满意因素上用户表示不满意的样本。

　　在识别用户关键的不满意因素时，有40位用户在4个关键不满意因素
联盟中的任意一个都表示不满意，在剔除掉这40个样本之后进行分析，确
定能够让用户非常满意的子因素，而这就是移动图书馆服务质量的优先改
进控制点。

　　缩减后的132份样本数据中，有12个对移动图书馆整体服务质量表示
非常满意，占比为9.1%。借鉴服务质量管理理论中用户非常满意的话会引
发用户忠诚，根据对用户子维度是否非常满意，将调研对象分为可能的忠
实用户群、灰色用户群，并按照 Shapley 值的排序累积统计两个分组在子
维度及其联盟中表示非常满意的样本数，即在联盟中任意一个子维度表示
非常满意的数量，具体结果见表8-3。

　　分析表8-3，发现 success、AR、RR 值都在"功能适用性"这一因素上
达到最大值，并在此之后基本呈现下降趋势，表明"功能适用性"是对用
户满意度提升中比较关键的因素，需要在移动图书馆服务质量优化实践中
得到重视。

　　对比表8-2和表8-3中，"功能适用性"不仅被发现其对用户满意的影

响最大，同时这一子维度在识别用户关键不满意因素时的贡献也很高。通过与用户和该移动图书馆平台的交流，我们认为"功能适用性"被选成优先改进点是可以得到合理解释的：移动图书馆目前的服务功能主要是移植图书馆的传统服务功能，而从桌面电脑到移动设备的转变，既需要根据移动互联网的新特质拓展相应的服务内容，也需要在内容展示、功能操作等服务传递过程上符合移动设备的特点。移动图书馆要想从宣传推广普及顺利过渡到增强用户黏性，就必然需要在"功能适用性"上多下功夫。

表 8-3　确定优先改进控制点

Shapley 值降序排列		可能的忠实用户群		灰色用户群		success 函数统计量			验证统计量	
		累积 n	n 中对整体非常满意率 %	累积 n	n 中对整体非常满意率 %	Reach %	Noise %	Success %	Relative Risk	Attributable Risk%
1	功能适用性	42	21.4	90	3.3	75.0	27.5	47.5	6.43	63.3
2	安全稳定性	53	17.0	79	3.8	75.0	36.7	38.3	4.47	58.2
3	支持个性化	56	16.1	76	3.9	75.0	39.2	35.8	4.07	56.6
4	支持用户参与	61	14.8	71	4.2	75.0	43.3	31.7	3.49	53.5
5	易学易用性	77	13.0	55	3.6	83.3	55.8	27.5	3.57	60.0
6	功能丰富性	80	12.5	52	3.8	83.3	58.3	25.0	3.25	57.7

从表8-2和表8-3中我们还发现，success、AR、RR 值的变动规律不是很一致。M.Conklin 和 S.Lipovetsky 认为这种现象说明：比起确定关键不满意因素而言，确定服务质量的优先改进因素是较为困难的。因此，本文所识别出的4个关键不满因素和1个优先改进点——"功能适用性"属于一种纯理论的探讨，现实中移动图书馆服务质量优化改进控制点的选择还

必须增加人员、经济、技术等多项约束条件的考虑。

根据上文，基于shapley值实证识别出"安全稳定性""功能适用性""支持用户参与""功能丰富性"4个子维度组成移动图书馆关键不满因素集合。在4个关键不满子维度所包含的18个服务属性的基础上，结合与技术人员的讨论，增加了"操作简单""界面文字、符号易懂"和"智能预测"这3个与系统平台相关度极高的服务属性。表8-4列出了识别出的移动图书馆关键不满服务属性，这些影响平台优化的服务属性是结合了用户数据的分析和技术人员的讨论确定的，因而能够作为移动图书馆平台在满足用户需求时所呈现出的技术特征，从而用于进一步的分析。

表 8-4 某移动图书馆平台的技术特征识别

序号	实现优化需求的技术特征
T1	即时获知通知信息
T2	最新或热门推送
T3	图书馆空间管理特色服务
T4	即时交互咨询
T5	发挥移动设备优势
T6	适合移动设备屏幕
T7	资源可靠
T8	碎片化使用
T9	运行稳定
T10	响应迅速
T11	准确记录用户信息
T12	功能拓展兼容性
T13	提示隐私管理
T14	用户意见收集
T15	用户评价资源
T16	定期更新

序号	实现优化需求的技术特征
T17	用户参与内容建设
T18	用户彼此交流
T19	界面文字、符号易懂
T20	操作简单
T21	智能预测

三、优化项目确立的实施过程

（一）相关数据采集

在分析识别出优化目标的基础上，移动图书馆服务质量优化工作还需要考虑资源有限的现实约束，明确优化改进的轻重缓急，即确定优化项目，这就需要获取用户的优化需求权重判定数据、技术特征重要性判断数据、需求与技术特征的相关性判断矩阵、市场竞争性判断数据，以及改进优先级别和资源耗费判断数据。

1. 优化需求权重分析

用户优化需求权重判定数据是为了对21项优化需求的优先程度进行判断，这一数据通过对资深用户、图书馆员、移动图书馆的产品开发人员进行调查来获取的。有32位调查对象参与这次调研，他们对表8-4确定的21项优化需求进行1-7分的重要性判断，分值越高，则表明优化需求越有必要进行改进。其中，高校资深用户数量为13位，涵盖大二、大三、大四、硕士、博士和高校教职工；图书馆员也是13位，涵盖图书馆行政部门和业务部门；移动图书馆产品开发人员共有6位。根据用户打分，我们使用加总归一的方式计算出每个优化需求的权重。从表8-5的均值和后文图8-2的归一化权重可以看出，"完善用户分享资源""支持用户荐购""设置交流平台""支持同步""加强多平台融合"是用户认为最有必要优化的需求，这些需求反映出用户对移动图书馆平台增强参与和社交的期望。

表8-5 某移动图书馆平台优化需求重要性判断数据

	最小值	最大值	均值	标准差
yh1	4	7	5.62	1.129
yh2	1	7	5.69	1.401
yh3	1	7	4.63	1.476
yh4	3	7	5.66	1.234
yh5	3	7	5.97	0.999
yh6	2	7	5.38	1.497
yh7	1	7	4.94	1.48
yh8	1	7	5.69	1.401
yh9	1	7	5.53	1.436
yh10	1	7	5.72	1.42
yh11	3	7	5.38	1.212
yh12	3	7	5.56	1.268
yh13	3	7	5.19	0.998
yh14	1	7	4.72	1.301
yh15	1	7	5.06	1.625
yh16	2	7	5.59	1.341
yh17	2	7	5.44	1.458
yh18	2	7	5.66	1.537
yh19	3	7	5.94	1.19
yh20	4	7	5.47	0.879
yh21	1	7	5.19	1.891

2. 技术特征重要性分析

作为实现用户需求的平台服务属性，技术特征的落实是依托于移动图书馆的技术开发人员，因而他们技术特征的重要性判断为移动图书馆服务质量的优化提供专业技术数据。本书通过对某移动图书馆平台的技术开发人员进行调研来判断技术特征的重要性。共有30名技术开发人员参与调研，其中22名为男性，8名为女性。"便于碎片时间使用""资源可靠""适合移动设备屏幕""界面文字符号易懂""用户意见收集"这5个技术特征是技术开发人员认为移动图书馆需要重点考虑的。而"最新或热门推送""图书馆空间管理"是技术开发人员重要性判断最低的两项。数据如表8-6所示。整体来看，技术开发人员更加关注移动图书馆平台满足移动性和可用性方面的技术实现，对于依托系统平台展开的功能和服务的技术实现评分较低，这也表明移动图书馆技术开发人员的技术能力和用户的需求实现之间需要沟通融合。

表8-6 某移动图书馆平台技术特征重要性分析数据

技术特征序号	最小值	最大值	均值	标准差
T1	1	7	5.07	2.067
T2	1	7	4.43	2.096
T3	1	7	4.57	1.775
T4	1	7	4.87	1.852
T5	1	7	4.63	1.691
T6	3	7	6.27	1.172
T7	3	7	6.3	1.022
T8	3	7	6.33	1.061
T9	2	7	5.83	1.464
T10	3	7	5.9	1.242
T11	2	7	4.97	1.326
T12	2	7	5.8	1.243
T13	3	7	5.2	1.562
T14	4	7	5.97	1.129
T15	1	7	4.73	1.461
T16	3	7	5.47	1.306

技术特征序号	最小值	最大值	均值	标准差
T17	3	7	5.57	1.357
T18	2	7	5.33	1.446
T19	2	7	6	1.259
T20	3	7	5.97	1.245
T21	1	7	5.17	1.663

3. 优化需求和技术特征之间的相关性分析

由于用户和技术开发人员对平台的关注点存在差异，邀请经验丰富的移动图书馆建设者、提供者、研究人员对用户需求和技术特征之间的相关性进行判断，能够弥补这种差异，从而有助于移动图书馆服务质量优化工作的顺利开展。本文邀请某移动图书馆平台2位产品经理、1位图书馆馆长、1位高校教授，通过面对面讨论的方式，分别对需求与技术特征的相关度进行判断。不相关设为空格，弱相关设为1分，相关设为3分，强相关设为5分。

具体相关性判断数值已在图8-2中进行体现。同时根据图8-2中的数据显示，关系矩阵的填充率为26.9%，满足关系符号的填充率在25%—40%之间的要求①。

---

① 曹莉. 面向质量改进与顾客互动机制的质量屋的建立 [J]. 计算机科学, 2007, 34（3）: 276-278.

图8-2 某移动图书馆平台相关特征的判断矩阵及改进指数

需求特征	权重	即时获知最新或热门推送	特色服务	即时交互咨询	发挥移动设备优势	移动设备适用	碎片化使用	资源可靠	运行稳定	响应迅速	准确记录用户信息	功能拓展兼容性	提示隐私管理	用户意见收集	用户评价资源	定期更新	用户参与内容建设	用户彼此交流	符号易懂	操作简单	智能预测	本平台表现	竞争平台表现	市场竞争力
热门资源、经典图书推荐	0.049	5					3			3	3			5		3	3	3			3	5	3.75	1.33
用户界构优化	0.050		3	1		3	3				3					1	3	5	3	5		4.5	2.75	1.64
特色功能介绍、使用帮助	0.041			3	3	5					5		5		3		5	5	3	3		5	1.25	1.31
用户交流讨论	0.050	1			1	1	1				3		1				3	5	1			4.5	2.5	4.00
用户分享资源	0.052			5	3	3			3		3											3.75	0.75	1.80
在线答疑、咨询馆员	0.047	3	5		3												3		3	3		3	0.75	4.00
图书借阅座位管理	0.043													5							3	5.5	0.75	5.00
多平台的融合	0.050				3	5		5	3													5	3.75	7.33
定制和收藏感兴趣资源	0.049	3						3		1							3					7	1	1.33
图书收藏提醒	0.050				1		1	3		3	1					3			1			4.75	2.25	7.00
用户隐私保护	0.047											5	5				3					6	2.5	1.00
资源检索密捷	0.049	3			5	3	3		3	3		3					3	5	5	3		4.75	4.5	2.22
馆藏资源导航	0.046	5			5	5				5		5							5			6	4.75	2.40
对资源进行内容介绍	0.041					3	5	3			3	3	3				3	3			3	4.75	3.75	1.06
自定义阅读时复制、标注	0.044					5		3			1	1				5				5		5.5	3.5	1.29
移动阅读自适应排版	0.049					3	3					3					3		3			5.25	3.75	1.40
资源自动同步	0.048		3		3	3		3	5	5		1									3	6	3.5	1.71
支持稳定、流畅	0.050									5		3									5	5.75	4.75	1.21
时对性、个性化服务	0.052			3	1		3	3		5	3	3			5	3	3	3	3	3	3	3	3.75	1.60
高校毕业生、非在校用户使用	0.048	5	3	5	5	5		3		5		1			3	3	3	3	5	3	5	6.25	2.75	1.50
	0.016																							2.27

优化决策分析

	技术特征市场关注度																				
技术特征重要度	1.337	0.676	1.768	1.078	3.275	3.251	2.211	2.118	2.229	1.819	4.694	1.330	0.824	1.055	1.132	6.233	2.517	1.259	3.271	2.125
资源耗费度	5.07	4.43	4.57	4.87	4.63	6.27	6.3	6.33	4.5	4.97	5.8	5.2	5.97	4.73	5.47	5.57	5.33	6	5.97	5.17
改进优先度	2.25	4.25	4	3.5	5	5.25	4.75	4.25	6.25	5.75	6.75	4	4.5	3.25	4	6.5	5.75	2.25	4.75	5.25
	4.75	3.75	3.75	5	4.75	4.25	7	6.25	6.25	3.25	4	4.5	4.73	5.5	6.5	5.5	6.75	4		

优化改进指数

优化改进指数	10.12	2.83	7.64	4.44	14.34	18.758	13.93	15.00	17.05	17.05	30.75	8.25	5.74	4.73	6.19	34.72	12.79	11.65	26.07	8.33

4.市场竞争表现

在优化实践中，还需要考虑优化对象的市场竞争这一外部环境。本文邀请前文中进行相关性判断的4位专家进行市场竞争性判断，具体判断数据反映在表8-7中。根据图8-2的数据，除了在"增强用户隐私保护""对资源进行内容介绍"两个优化需求上，某移动图书馆平台与同类型产品的市场表现一致外，其余优化需求上4位专家一致认为某移动图书馆平台的表现都要好于同类型产品，这个结果也符合目前某移动图书馆平台占据主要市场的状况。

表8-7　某移动图书馆平台优化需求的市场竞争表现判断数据

	专家 A		专家 B		专家 C		专家 D	
	本平台	其他平台	本平台	其他平台	本平台	其他平台	本平台	其他平台
yh1	5	4	3	6	6	2	6	3
yh2	6	3	1	1	4	1	7	6
yh3	5	5	2	4	4	1	6	3
yh4	7	1	1	1	7	2	5	1
yh5	5	3	2	3	5	0	6	4
yh6	4	1	2	1	0	0	6	1
yh7	2	1	1	1	6	0	6	1
yh8	7	1	3	1	6	0	6	1
yh9	4	3	6	6	7	3	3	3
yh10	7	1	7	1	7	0	7	2
yh11	5	5	5	5	3	3	6	6
yh12	6	2	4	3	5	1	5	3
yh13	5	3	6	6	6	0	7	4
yh14	3	3	5	5	5	5	6	5
yh15	4	4	5	5	7	3	6	5
yh16	6	3	4	4	6	6	5	2

	专家 A		专家 B		专家 C		专家 D	
	本平台	其他平台	本平台	其他平台	本平台	其他平台	本平台	其他平台
yh17	6	5	6	6	6	2	6	1
yh18	6	5	5	5	5	5	6	4
yh19	5	5	6	6	6	2	7	2
yh20	3	1	5	5	0	0	4	2
yh21	7	3	6	3	6	1	6	4

5. 改进优先级别分析

由于优化工作必然需要投入人力、财力、技术、时间等资源，因而判断技术特征的优先级别和资源耗费，能够增强优化工作的可行性。本文也邀请进行相关性判断和市场竞争分析的 4 位专家，结合自己的工作实践，来进行判断。根据图 8-2 中的数据，"运行稳定""操作简单""响应迅速""平台功能拓展兼容性"是优化级别最高的，同时"平台功能拓展兼容性"所耗费的资源也是最复杂的，这是符合现实的。通过与 4 位专家的访谈，认为在确定最终的优化项目时，需要综合考虑改进优先级别和资源耗费程度。如"界面文字、符号易懂"的资源耗费较少，但其改进优先级别相对较高，因而有必要优先改进。

表 8-8 某移动图书馆平台技术特征改进优先级别判断数据

	资源耗费度				改进优先度			
	专家 A	专家 B	专家 C	专家 D	专家 A	专家 B	专家 C	专家 D
T1	3	2	2	2	2	7	7	3
T2	5	2	6	4	5	5	4	2
T3	4	3	4	5	5	5	4	1
T4	3	3	5	6	1	6	5	2
T5	4	4	7	6	2	5	7	6

	资源耗费度				改进优先度			
	专家 A	专家 B	专家 C	专家 D	专家 A	专家 B	专家 C	专家 D
T6	7	1	7	6	4	4	5	6
T7	3	5	5	6	3	7	5	4
T8	3	2	7	2	3	3	7	4
T9	7	5	3	6	7	7	7	7
T10	7	3	7	1	5	7	7	6
T11	7	3	7	6	3	7	6	2
T12	7	5	6	6	7	7	6	7
T13	6	1	2	3	6	1	6	3
T14	4	5	4	1	6	3	4	5
T15	5	2	2	5	3	7	7	7
T16	7	3	4	2	7	7	7	7
T17	5	7	7	7	6	7	7	6
T18	7	3	7	6	5	4	7	7
T19	5	1	2	1	7	7	6	2
T20	5	3	5	6	7	7	7	6
T21	7	2	5	7	4	5	5	2

（二）某移动图书馆平台项目的优化改进指数

基于公式（7-10）的优化改进指数，是根据优化决策内外部评估数据的计算结果得出，见图8-2. 其中"用户参与建设"以34.72的分值位居优化决策第一位，这与前文用户优化需求权重的分析结果一致。而"功能拓展兼容性"则紧随其后，通过与用户、技术人员和管理人员的访谈得知，为了真正实现移动图书馆的用户参与，既需要对现有移动图书馆平台的功能进行拓展，也需要充分利用目前用户集聚的社交平台。"操作简单"也是需要进行优化的重点方向，这也是管理实践认同易用性是用户接受和持续使用移动图书馆平台的主要影响因素这一学术研究结论的反映。

四、优化策略的设计与实施

（一）策略设计

1. 与平台感知有用有关的建设策略：拓展功能鼓励用户参与

在之前的调研中，本课题组就指出"发展用户参与是优化用户体验的一种方向"，在图书馆愈发强调用户参与和移动图书馆用户群日益庞大的背景下，要增强用户黏性，移动图书馆不仅仅要匹配用户的需求，还要超越用户的需求。

在 SoLoMo 时代，图书馆转变为全新的知识收集、交流和学习平台[①]，用户在交流中实现个体的经验积累、学习和自身领悟，完成个体社会化的过程。根据共享经济时代的发展趋势，鼓励用户参与，利用用户的智慧对信息资源进行标注、编辑、修改[②]。用户的参与不仅使得图书馆数字资源的生产和更新速度急剧加快，而且也使其能够跟上知识更新的脚步，更加符合用户的需求。

在分析用户需求的基础上，经过与管理人员和技术人员的讨论，将围绕学习和阅读两个主题拓展平台功能。如图8-3所示，一方面在用户订阅收藏图书、视频等资源的情况下，增加点赞和评论的功能，从而达到用户遴选资源的目的；另一方面则支持用户建立讨论小组，通过对某一主题进行分享交流，以期为今后将移动图书馆平台与教务系统进行兼容，实现师生便捷地通过移动终端提高学习效果。

需要指出的是，鼓励用户参与不仅仅需要激发在校师生的参与，还应该调动毕业生的热情，在增强对学校认同感的基础上，培养用户持续使用

[①] 郭启芝,王红. SOLOMO 时代图书馆的发展策略 [J]. 图书情报工作, 2012, 56（9）: 52-56.

[②] 吴金红,陈强、王娜. SOLOMO环境下图书馆数字资源重构策略研究[J]. 图书馆论坛, 2014, 34(4): 64-69.

移动图书馆的习惯。

图 8-3　某移动图书馆平台用户参与功能拓展示意图

2. 与平台感知易用有关的建设策略：优化用户的使用场景感知

E. Kroski[1] 建议图书馆移动网站应该鼓励用户尝试，但现有的移动图书馆客户端非认证用户访问权限较弱[2]，很难尝试利用到移动图书馆的主流服务。因而移动图书馆客户端在功能愈发丰富的情况下，有必要改善用户尝试的体验。在用户打开某一功能页面时，提供已经下载好的精选资源内容，能够帮助用户直观深入地了解该功能模块所提供的具体服务，让用户对新功能或新服务保持跃跃欲试的渴望，改善用户对移动图书馆服务知晓度较低[3] 的情况，从而增强移动图书馆对用户的吸引力。因此有必要提供及时快速的服务模式，为用户提供便捷性的服务[4]。为了实现平台的快速响应，进一步的优化方向，一方面是将凡是有逻辑先后的图标设计成自动跳转，同时增加类似于返回顶部、主页的按钮，以减少用户的操作。

---

① Kroski E. On the Move with the Mobile Web: Libraries and Mobile Technologies[J]. Library Technology Reports, 2008, 44（5）：41-48.

② 田丹 . 我国移动图书馆 APP 应用现状分析 [J]. 国家图书馆学刊 , 2015（5）：74-80.

③ 魏群义，袁芳，贾欢，等 . 我国移动图书馆服务现状调查——以国家图书馆和省级公共图书馆为对象 [J]. 中国图书馆学报 , 2014, 40（3）：50-63.

④ 闫娜 . 2012 年美国大学图书馆十大发展趋势的解读与思考 [J]. 国家图书馆学刊 , 2013（5）：85-91.

3. 与宣传培训有关的策略：以彰显价值为核心开展培训推广

在识别用户的优化需求时，我们发现"支持馆藏资源预约"这一需求早已实现，但用户依旧提出这一需求，反映出对移动服务的宣传不足是移动图书馆面临的主要问题，说明需要进一步增强移动图书馆及其服务的宣传推广。同时，在前文分析中，宣传和培训分别侧重于用户的外部动机、内部动机，但在现实中，内外部动机是同时作用、相互影响的。如何以营销促进用户能力的提升，从而通过营销和培训相结合共同彰显出移动图书馆的价值，是贯穿移动图书馆宣传培训工作的核心问题。南京理工大学通过手绘漫画的方式介绍如何使用移动图书馆[①]，促进使用移动图书馆用户数量的快速增长，很好地实现了宣传和培训相互支撑的目的。

在近年来用户信息素养教育游戏化卡通化这一发展趋势下[②]，经过与技术人员、管理人员的讨论，我们认为可以借鉴游戏元素，设计一个主人公，通过 Flash 动画的形式，模拟现实用户从第一次接触移动图书馆到逐渐深入使用的过程，通过故事情节的发展变化体现人物成长和技能的变化，从而达到宣传介绍移动图书馆的主要功能和使用技能，也能够解决传统 PPT 培训方式用户参与度不高的困境。

（二）优化策略的实施

1. 优化实践的整体框架

在优化项目确立的基础上，在该移动图书馆开发团队的支持下，提出了如下的移动图书馆平台系统架构改进方式。

---

① 王拓. 南京理工大学移动图书馆成校园新宠 [EB/OL]. [2016-10-02]. http://xh.xhby.net/mp2/html/2015-04/09/content_1229928.htm.

② 鲍雪莹，管家娃，赵宇翔，朱庆华. 游戏化设计在用户信息素养教育领域的研究现状及展望 [J]. 数字图书馆论坛，2015（11）：17-23.

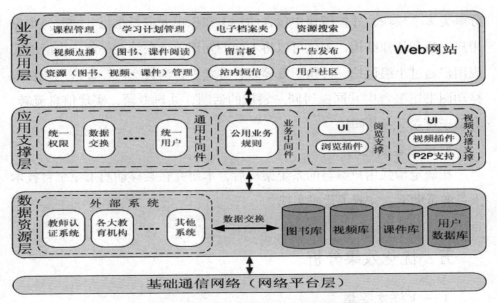

图 8-4 某移动图书馆平台原系统架构图

图8-4显示了某移动图书馆平台优化前的系统架构，原架构主要是根据具体的服务功能来划分业务模块。

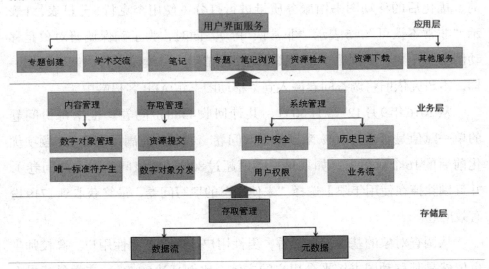

图 8-5 基于用户参与改进的某移动图书馆平台系统架构图

图8-5则根据优化策略，提出重点增强用户参与的改进思路。相比于优化改进之前（如图8-4），本次优化的最大变化是将资源根据不同主题

分解为多个模块，并按模块中包含的相关知识单元进行重组。同时，根据用户兴趣和认知结构，不仅可以将不同的知识单元联结在一起，也能够实现用户通过小组讨论、话题回复等多种方式进行沟通交流，促进用户在该移动图书馆平台中共同探讨同一领域的话题，共享专题，实现信息流转，有助于建立学术共同体。

2. 优化实现代码

在确定增强用户参与的系统架构后，本研究在某移动图书馆平台技术人员的帮助下，完成了代码实现。

五、优化效果分析

（一）样本采集

为了获取用户对某移动图书馆平台优化效果的感知数据，本研究根据课题组开发验证的移动图书馆用户感知服务质量测评量表，请用户对优化前、优化后的移动图书馆服务质量进行打分（使用李克特5分量表，1表示"非常不认可"，5表示"非常认可"）。同时，为了确保调研对象是移动图书馆用户，如同第5章获取移动图书馆用户持续使用行为调研数据一样，本研究依旧将调查问卷嵌入到某移动图书馆 APP 客户端中。

从2016年9月12—9月30日，共计回收4488份问卷。根据每份问卷的单一赋值是否超过80%来剔除无效问卷（如在功能满足程度8个题项优化前后的16个赋值上，如果单一赋值超过80%，则该问卷为无效问卷），并且剔除掉在使用年限上选择"未使用"的填写问卷，最终获取到1719份有效问卷。

从调查对象的基本信息来看，男性用户依旧多于女性用户。高校师生也依然是某移动图书馆平台用户的主体，比例高达89.5%，在学科背景上工学、理学、文史哲和管理学4个专业门类的用户比例较高。而在常用的某移动图书馆平台类型上，APP 客户端依旧占据主流，高达85%，移动网页（WAP）的用户比例高于微信公众平台。

而在最近一周使用移动图书馆的频率上，比例最高的依次是：偶尔使用、每周使用2次以上、每天使用，每周使用2次以上的用户比例只比偶尔使用的用户少0.3%，有将近1/4的调查对象表示每天使用该移动图书馆平台。需要指出的是，有152位调查对象表示最近一周没有使用该移动图书馆平台。在使用年限上，调查对象的比例分布倾向于 V 型，即半年以上的用户和1个月以下的用户比例分别占到43% 和44.4%，其中第一次使用该移动图书馆的用户比例最高，达到29.3%，其次是使用某移动图书馆平台1年以上的用户占到26.9%。

表 8-9　某移动图书馆平台优化效果调查对象基本信息

统计信息	类型	数量	比例 %
性别	男	893	51.9
	女	826	48.1
身份	高校低年级（大一-大二）	965	56.1
	高校高年级（大三以上）	462	26.9
	高校研究生	90	5.2
	高校教职工	21	1.2
身份	公务员	13	.8
	企事业人员	79	4.6
	其他	89	5.2
	理学	276	16.1
	工学	447	26.0
	生命科学（含医学）	145	8.4
	文 / 史 / 哲	198	11.5
专业背景	法学 / 教育学 / 社会学 / 政治学	143	8.3
	经济学（含金融学）	135	7.9
	管理学	196	11.4
	艺术学	56	3.3
	其他	123	7.2

统计信息	类型	数量	比例 %
常用的移动图书馆平台类型	移动网页（WAP）	161	9.4
	APP 客户端	1461	85.0
	微信公众平台	97	5.6
最近一周（7 天）的使用频率	每天使用	425	24.7
	每周 2 次以上	503	29.3
	每周一次	131	7.6
	偶尔使用	508	29.6
	未使用	152	8.8
使用年限	1 年以上	463	26.9
	半年—1 年	277	16.1
	3—6 个月	67	3.9
	1—3 个月	149	8.7
	1 个月以下	259	15.1
	第一次使用	504	29.3

（二）优化效果分析

接下来，本研究将从某移动图书馆平台功能满足、易用和用户关怀 3 个方面对某移动图书馆平台的优化效果进行分析。

1. 平台功能满足优化效果

在实证对象的移动图书馆平台功能满足程度上，用户普遍认为优化后的效果要好于优化前。相比于优化前，每一个观测题项优化后的均值平均提高 0.87。其中"即时获知通知信息"从优化前的 3.01 提高到优化后的 3.92，增长幅度最大。同时无论是优化前，还是优化后，"便于用户在碎片时间使用"和"资源内容适合移动设备屏幕浏览"两个题项上的均值都是最高的，而且这两个题项的增长幅度也达到 0.9，说明该移动图书馆平台在移动设备适用性上的努力得到用户的认可。

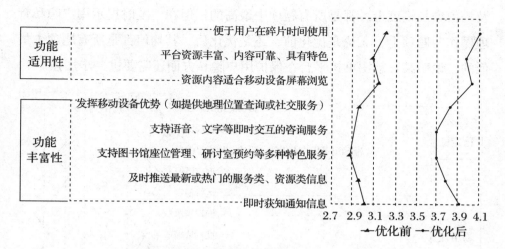

图8-6 某移动图书馆平台功能满足优化效果分析

然而"支持图书馆座位管理、研讨室预约等多种特色服务""支持语音、文字等即时交互的咨询服务""及时推送最新或热门的服务类、资源类信息"和"发挥移动设备优势（如提供地理位置查询或社交服务）"4个题项在优化前的均值未达到3，尽管这3个题项优化后的均值都超过了3.7，依旧说明当前实证对象的移动图书馆平台在发挥图书馆员的参与作用上有待进一步优化，同时也说明用户对图书馆座位预约管理这一服务的需求与移动图书馆发展现状存在差距。而与该移动图书馆技术人员和用户的交流中，发现"及时推送最新或热门的服务类、资源类信息"这一题项的均值不高，一方面是由于很多用户关闭了APP客户端中的推送提醒，另一方面是因为服务、资源类信息需要依赖图书馆在移动图书馆服务平台上的内容建设。满足效果如图8-6所示。

2. 平台易用优化效果

如图8-7所示，调查对象也认为某移动图书馆平台易用程度优化后的效果要好于优化前，每一个观测题项的均值平均提高了0.75，同时相比于功能满足程度，平台易用程度所有题项在优化前的均值都超过3。其中"操作简单"在优化前的均值达到3.36，是所有题项中最高的，该题项在优化后的均值也达到4.09。而"界面文字、符号易懂"在优化后的均值以及均值增长幅度上，都是所有题项中最高的。但在"及时提示用户隐私管理操作"题项上，无论是优化前，还是优化后，其均值都是所有题项中最低的，说明某移动图书馆平台在保护用户隐私方面还需要进一步加强。

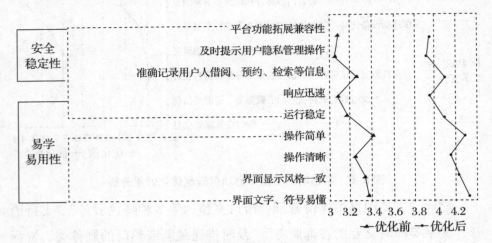

图 8-7　某移动图书馆平台易用优化效果分析

3. 平台用户关怀优化效果

在实证对象的移动图书馆平台用户关怀优化效果上，各题项优化后的均值平均增长 0.73，在服务质量三个子维度中增长幅度最小。其中"重视用户意见，回应积极"优化前均值未超过 3，而该题项在优化后的均值也是用户关怀题项中最低的。"支持定制自身感兴趣的资源"这一题项优化前后的均值都最高，但"智能预测用户偏好，提供针对性、个性化服务"优化前后的均值则较低，说明该移动图书馆目前很好地支持用户定制感兴趣资源这一低层次的个性化服务，但在预测用户偏好从而提供更高层次的个性化服务上还有待深化。

由于前文构建的优化策略中重点实现了用户通过专题形式参与实证对象的移动图书馆平台的内容建设，并增强用户之间的交流，但"支持用户彼此交流、信息共享"和"支持用户参与内容建设"优化后的均值只有 3.75 和 3.77，并未有明显的提高。在分析调查对象的开放建议和进一步询问后，这主要是因为平台的新功能并未得到用户的普遍使用，需要对新功能进行宣传推广。

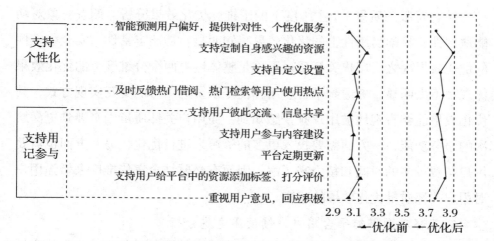

图 8-8 某移动图书馆平台用户关怀优化效果分析

4. 整体优化效果分析

图 8-9 显示了某移动图书馆平台服务质量三个主维度和总体的优化效果，可以看出超过 1/3 的调查对象认为无论是三个主维度，还是总体认知，某移动图书平台都有明显改进。而 80% 左右的调查对象认为某移动图书馆平台在三个服务质量主维度和总体认知上都有所改进。

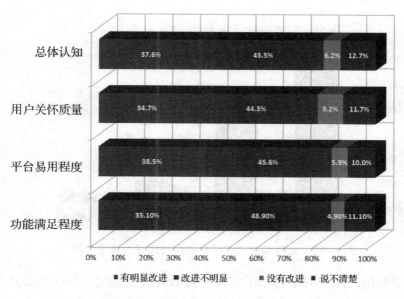

图 8-9 某移动图书馆平台整体优化效果分析

结合对服务质量3个主维度下的子维度优化效果分析，调查对象对功能适用性、易学易用性上的优化效果感知明显，功能丰富性、安全稳定性的优化效果次之，用户关怀质量无论是整体还是两个分维度上的优化效果体现都不太明显。考虑到平台易用程度是系统与用户的交互实现方式，其优化效果能够直观地被用户频繁感知到。而用户关怀质量则牵涉到更深层次的服务功能，一方面需要投入更多的资源来进行优化，另一方面也需要用户花费较多的时间和精力来了解，因而有必要结合宣传推广来增强用户对用户关怀质量优化效果的感知。

5. 某移动图书馆平台用户持续使用意愿分析

在对比优化前后的效果后，超过一半以上的调查对象表示非常愿意继续使用某移动图书馆平台，加上继续使用意愿一般的用户，高达91.5%的用户愿意持续使用移动图书馆。只有1.5%的调查对象明确表示不愿意继续使用。

为了进一步分析某移动图书馆平台优化效果与用户持续使用意愿之间的关系，本研究进行了交叉列表和Spearman相关分析，具体如表8-10所示。

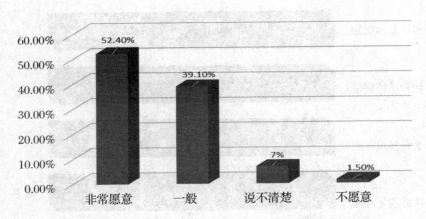

图 8-10 某移动图书馆平台用户持续使用意愿分析

可以看出，用户对某移动图书馆平台服务质量优化效果的感知正向影响用户的持续使用意愿，即对某移动图书馆平台服务质量优化效果评价越积极，其持续使用的意愿就越强烈。其中，与用户持续使用意愿相关程度从高到低依次是功能满足程度、平台易用程度和用户关怀质量，这与三个服务质量主维度优化后效果均值增长幅度是一致的。

表8-10　某移动图书馆平台优化效果和持续使用意愿相关性分析

		持续使用意愿				
		非常愿意	一般	不愿意	说不清楚	Spearman相关分析
功能满足程度	有明显改进	443	141	2	18	.333**
	改进不明显	369	412	11	48	
	没有改进	20	45	10	9	
	说不清楚	68	74	3	46	
平台易用程度	有明显改进	453	179	2	27	.286**
	改进不明显	359	370	11	44	
	没有改进	24	57	11	10	
	说不清楚	64	66	2	40	
用户关怀质量	有明显改进	413	156	2	26	.254**
	改进不明显	348	361	12	41	
	没有改进	53	86	9	11	
	说不清楚	86	69	3	43	
总体认知	有明显改进	450	168	4	25	.288**
	改进不明显	338	359	11	39	
	没有改进	28	60	6	13	
	说不清楚	84	85	5	44	

注：** 在置信度（双测）为 0.01 时，相关性是显著的。

本研究通过选取某移动图书馆平台为优化实证对象，分析选择优化需求，并根据 Shapley 值计算结果选择技术特征的优化方向，通过计算优化改进指数，确定"用户参与建设""功能拓展兼容性"和"操作简单"3

个优化项目，并据此提出了增强用户参与的某移动图书馆平台优化系统框架。在技术人员实现具体优化后，回归到用户对某移动图书馆平台服务质量的感知上，验证了优化效果。发现无论是具体维度，还是总体认知，调查对象普遍认为该移动图书馆的服务质量有所提升，而且超过90%的调查对象表示愿意继续使用实证对象的移动图书馆平台，通过分析服务质量优化效果和持续使用意愿的相关关系，证实了移动图书馆服务质量的优化能够提升用户的持续使用意愿。

参考文献

[1]Babin B J, Griffin M. The nature of satisfaction: an updated examination and analysis[J]. Journal of Business research, 1998, 41（2）: 127–136.

[2]Bitner M J, Hubbert A R. Encounter satisfaction versus overall satisfaction versus quality [J].Service Quality: New Directions in Theory and Practice, 1994:72–94.

[3]Bomhold C. Mobile services at academic libraries: meeting the users' needs?[J]. Library Hi Tech, 2014, 32（2）: 336–345.

[4]Brady M K, Cronin J J. Some new thoughts on conceptualizing perceived service quality: a hierarchical Approach [J]. Journal of Marketing, 2001, 65（5）: 34–49.

[5]Chae M, et al. Information quality for mobile internet services: a theoretical model with empirical validation [J]. Electronic Markets, 2002, 12（1）: 38–46.

[6]Chang C M, Hsu M H, Hsu C S, et al. Examining the role of perceived value in virtual communities continuance: its antecedents and the influence of experience[J]. Behaviour & Information Technology, 2014, 33（5）:502–521.

[7]Chen J V,Aritejo B A. Service quality and customer satisfaction measurement of mobile value–added services: a conceptual review[J]. International Journal of Mobile Communications,2008,6（2）:165–176.

[8]Chen Y T, Chou T Y. Applying GRA and QFD to Improve Library Service Quality[J].The Journal of Academic Librarianship, 2011, 37（3）: 237 – 245.

[9]Cook C, Thompson B. Higher–Order Factor Analytic Perspectives on

Users' Perceptions of Library Service Quality[J]. Library & Information Science Research, 2000, 22（4）: 393–404.

[10]Cronin J J, Brady K K, Hult G T M. Assessing the effects of quality, value and customer satisfaction on customer behavior intentions in service environment[J]. Journal of Retailing, 2000（2）: 193–216.

[11]Cronin J J, Taylor S A. Measuring Service Quality: A Reexamination and Extension[J]. Journal of Marketing, 1992, 56（3）: 55–68.

[12]Edwardson M. Measuring consumer emotions in service encounters: an exploratory analysis[J]. Australasian Journal of Market Research, 1998, 6（2）: 34–48.

[13]Gronroos C. A Service Quality Model and Its Marketing Implications [J]. European Journal of Marketing, 1982, 18（1）: 36–44.

[14]Hernon P, Nitecki D A, Altman E. Service quality and customer satisfaction: An assessment and future directions [J]. The Journal of Academic Librarianship, 1999, 25（1）: 9–17.

[15]Lehtinen U, Lehtinen J R.Two Approachs to Service Quality Dimensions[J].Service Industries Journal, 1991,11（3）:287–303.

[16]Nitecki D A. Changing the concept and measure of service quality in academic libraries [J].The Journal of Academic Librarianship, 1996（5）: 181–190.

[17]Norman D A. Emotional design: Why we love（or hate）everyday things[J]. Emotional Design Why We Love Everyday Things, 2004, 27（2）:115–116.

[18]Oliver R L. Cognitive, affective and attribute base of the satisfaction response[J]. Journal of Consumer Research, 1993, 20（3）: 418–430.

[19]Parasuraman A, Zeithaml V A, Berry L L. A conceptual model of service quality and its implications for future research[J]. Journal of Marketing, 1985, 49（4）: 41–50.

[20]Parasuraman A, Zeithaml V A, Berry L L. Reassessment of expectations as a comparison standard in measuring service quality: implications for future research [J]. Journal of Marketing, 1994,58（1）: 111–124.

[21]Taylor S A, Baker T L. An assessment of the relationship between service quality and customer satisfaction in the formation of consumers' purchase intentions[J]. Journal of Retailing, 1994, 70（94）: 163-178.

[22] Anderson S P. 怦然心动：情感化交互设计指南 [M]. 侯景艳，胡冠琦，徐磊，译 . 北京：人民邮电出版社 ,2012: 87-99.

[23] Garrett J J. 用户体验的要素—以用户为中心的 WEB 设计 [M]. 范晓燕，译 . 北京：机械工业出版社，2007:4.

[24] Gronroos C. 服务管理与营销：基于顾客关系的管理策略 [M]. 韩经纶，等，译 . 北京：电子工业出版社，2002：46.

[25] Hinman R. 移动互联：用户体验设计指南 [M]. 熊子川，李满海 . 译 . 北京：清华大学出版社 ,2013:21-39.

[26] Kyrillidou M, Cook C, Lincoln Y. Digital Library Service Quality: what does it look like? [M]// Tsakonas G, Papatheodorou C. Evaluation of Digital Libraries: an insight into useful Applications and methods. Oxford: Chandos Publishing, 2009: 187-214.

[27] Lovelock C, Wright L. Principles of service marketing and management [M]. Upper Saddle River: Prentice Hall, 2001: 30-45.

[28] Norman D A. 情感化设计 [M]. 付秋芳，程进三，译 . 北京：电子工业出版社，2005:83-85

[29] Rust R T, Oliver R L. Service quality: New directions in theory and practice [M]. California: Sage Publications, 1994: 37-48,72-94.

[30] Schmitt B H. Experiential Marketing：How to Get Customers to Sense, Feel, Think, Act, and Relate to Your Company and Brands[M]. New York: Free Press,1999.

[31] Strauss A, Corbin J. Basics of qualitative research: Techniques and procedures for developing groundedtheory [M]. Thousand Oaks：Sage Publications, 1998:5-12.

[32] 博恩 . IT 服务管理——基于 ITIL® 的全球最佳实践 [M]. 章斌 , 译 .

北京 : 清华大学出版社 , 2006: 7–24.

[33] 吴明隆 . 结构方程模型 : Amos 实务进阶 [M]. 重庆 : 重庆大学出版社 , 2013: 13, 20–23.

[34] 吴明隆 . 问卷统计分析实务—Spss 操作与应用 [M]. 重庆：重庆大学出版社，2010:172–192，332–356.

附　录

附录 A：移动图书馆用户需求调查问卷

亲爱的用户：

您好。

移动图书馆指的是以无线移动网络为基础，通过各种移动设备获取图书馆各项资源和服务的方式。为了解你对移动图书馆具备功能和服务的需求，我们开展了本项研究。

问卷完全匿名，绝不涉及个人隐私，题目答案也无对错之分，请根据自己的实际及问卷题目与你情况相符的程度来回答。若无特别说明，请单选（请打"√"）。

您的支持和配合对本研究非常重要，衷心地感谢您！

移动图书馆服务质量研究课题组

1. 请问，您的性别：

① 男　　② 女

2. 您的学历：

① 研究生　　② 本科生

3. 您所在的学科（或专业）是（请填写）

4. 您目前所拥有的个人手持移动设备有？（可多选）

① 不能上网的普通手机　② 普通手机，可通过 WAP 浏览器上网

③智能手机

④ 平板电脑（Ipad 等）⑤ 电子书阅读器（如 kindle、Mp4、Mp5/PSP 等）

⑥ 其他（请注明：）

5. 您手持设备的操作系统是？（可多选）

① 苹果 ios ② 安卓 Android ③ 塞班 Symbian ④ windows phone ⑤ 其他

6. 您最常用的上网方式是？（可多选）

① GPRS（固定资费包月）② Wi-Fi（无线宽带上网）

③ 3G 上网卡④ 其他

7. 您的手机运营商是？

① 移动② 联通③ 电信

8. 您平均每天使用移动设备访问互联网的时间约为？

① 1 小时以下② 1—2 小时③ 2—3 小时④ 3 小时以上⑤ 基本不用

9. 您主要是通过以下哪种方式了解移动图书馆服务？

① 图书馆网站主页公告　② 老师、朋友、同学介绍　③ 纸质媒体

④ 网络媒体　⑤ 搜索引擎　⑥ 其他　⑦ 没听说过

10. 您有权免费访问的学校图书馆或城市图书馆所使用的移动图书馆平台（可多选）：

① 超星移动图书馆　② 书生之家移动图书馆　③ 本校图书馆自建平台

④ 其他　⑤ 还没有开通移动图书馆

11. 您访问移动图书馆的主要目的是？（可多选）

① 即时了解个人的借阅情况　② 即时了解图书馆发布的各项通知

③ 即时办理借还服务　④ 即时查询图书馆电子资源

⑤ 即时查询图书馆新到印本资源　⑥ 即时移动阅读图书馆电子资源

⑦ 即时查询与图书馆相关的电子地图

⑧ 即时参与图书馆的网络社区交流

⑨ 好奇（　）或其他（请填写：　）

⑩ 没访问过

12. 以下是移动图书馆的可能的服务项目，请对相关重要性做出评价（请你根据认同的重要程度进行选择，并在相应的数字上打"√"）

	非常不重要	不重要	一般	重要	非常重要
获取图书馆消息通知（借阅到期、超期催还、讲座活动、新书通报等）	1	2	3	4	5
个人借阅情况查询和续借	1	2	3	4	5
读者向图书馆荐购信息资源	1	2	3	4	5
查询图书馆的地理分布（位置、交通）	1	2	3	4	5
查询图书馆周边服务信息	1	2	3	4	5
获取图书馆的内部信息资源导航信息	1	2	3	4	5
查询图书馆座位空闲情况	1	2	3	4	5
访问图书馆设置的读者网络社区，与其他读者开展交流	1	2	3	4	5
获得移动图书馆使用帮助	1	2	3	4	5
获取与利用图书馆有关的培训音频或视频资源	1	2	3	4	5
通过特定平台或通信软件即时咨询图书馆员	1	2	3	4	5
提供馆藏书目查询	1	2	3	4	5
提供电子资源检索和全文阅读服务	1	2	3	4	5
提供信息资源全文收听、收看服务	1	2	3	4	5
允许移动全文阅读时，支持划线、标注等多种利用方式	1	2	3	4	5
拓宽信息源，获取高校其他教学信息（如选课、考试、课程教学信息）	1	2	3	4	5
允许用户对所阅读的书刊等发表阅读评论	1	2	3	4	5
允许用户个性化定制、查询和收藏自己感兴趣的信息资源	1	2	3	4	5
用户可以根据自己的喜好进行个人设置（设置阅读模式、屏幕显示大小等）	1	2	3	4	5

续表

	非常不重要	不重要	一般	重要	非常重要
允许查询用户对图书馆资源搜索利用的排行榜信息	1.	2	3	4	5
允许用户根据自己的层次选择详简不同的检索界面	1	2	3	4	5
允许用户根据自己的爱好选择详简不同的检索结果显示界面	1	2	3	4	5
允许用户根据自己的色彩喜好选择不同的界面配色方案	1	2	3	4	5
针对检索结果允许用户根据自己移动设备的大小选择单页显示或多页显示方式	1	2	3	4	5
你认为的其他服务项目（请填写）：	1	2	3	4	5

13. 您对进入移动图书馆的偏好：

① 通过浏览器访问移动图书馆 WEB 站点

② 通过浏览器访问专门的 WAP 站点

③ 通过下载客户端访问移动图书馆④ 其他方式（请填写：　　　）

⑤ 没访问过

14. 您对移动图书馆信息资源的偏好？

（请你根据认同的喜欢程度进行选择，并在相应的数字上打"√"）

	非常不喜欢	不喜欢	一般	喜欢	非常喜欢
国内外新闻资讯报道	1	2	3	4	5
学术电子期刊全文	1	2	3	4	5
娱乐性电子期刊全文	1	2	3	4	5
学术性电子图书	1	2	3	4	5
励志、消遣性电子图书	1	2	3	4	5
各种专利数据库	1	2	3	4	5

续表

	非常不喜欢	不喜欢	一般	喜欢	非常喜欢
各类标准数据库，如"国际标准""国家标准"等	1	2	3	4	5
学位论文资源	1	2	3	4	5
学术视听资源	1	2	3	4	5
娱乐视听资源	1	2	3	4	5
热门书刊目录信息	1	2	3	4	5

15. 您对移动图书馆服务平台的偏好？

（1）您喜欢的平台风格：

①简约　②炫酷　③文艺　④古典　⑤色彩斑斓　⑥时尚　⑦无所谓

（2）您喜欢的色彩组配（请填写）：

（3）您偏好的移动信息资源形式：

①全文型资源　②目录型资源　③摘要型资源

（4）您偏好的检索结果的显示方式：

①可以定制　②依系统自定　③无所谓

（5）您的其他偏好（请填写）：

16. 您对现有移动图书馆服务不满意的原因？（可多选）

①没有我所需要的资源（请举例：）

②信息资源不够新，比不上互联网上的信息

③移动设备有局限性，只能进行碎片化阅读，不习惯学术阅读

④信息资源检索结果不准确，错误较多

⑤我不知道如何使用，又不知如何获取帮助

⑥系统平台所用术语太专业，不容易理解

⑦现有服务平台访问速度不高，并经常崩溃或出现乱码现象

⑧现有服务平台的检索便利性远不如桌面电脑

⑨完成检索任务成功率低或点击次数过多

⑩移动图书馆没有网络交流社区

⑪下载移动图书馆资源占用的数据流量过多，超过自己承受范围

⑫我害怕个人阅读隐私信息得不到保护

⑬其他（请填写）：

17. 您对注册成为移动图书馆用户的态度？

①可以试试　②没必要　③无所谓　④已成为注册用户

18. 如果能够很便利地通过 WI-FI 上网，您会愿意经常访问移动图书馆吗？

①会经常使用　　②会偶尔使用　　③不会使用（请填写原因：）

19. 请从功能需求、技术需求、交互需求等视角填写您的其他个性化需求？

（字不论多少，诚请您填写）

（1）您特别需要的个性化功能或服务：

（2）您对平台及其使用操作、资源等方面的需求或建议：

（3）您在平台社交功能方面的需求：

（调查到此结束，感谢您的参与！）

附录 B：移动图书馆用户体验实验结果调查问卷

（一）个人基本信息填写

1. 您的性别是：A. 男　　B. 女　姓名（以便礼品发放）：

2. 您的身份是

A. 研究生　B. 本科生　C. 教师　D. 其他

3. 您本次使用的移动设备的操作系统是？

A. 苹果 ios　B. 安卓 Android　C. 塞班 Symbian

D.windows phone　E. 其他

4. 您使用移动图书馆多长时间了？

A. 刚开始使用　B. 一个月　C.1 个月至半年　D. 半年以上

5. 您每天可能愿意使用移动设备访问移动图书馆的上网时间？

A.1 个小时以下　B.1—2 小时　C.2—3 小时　D.3 小时以上

E. 根据需要而定

（二）移动图书馆用户体验测试任务

测试任务开始前的准备：请确定您已从南京农业大学图书馆主页下载并安装适合您手机或平板电脑的移动图书馆客户端，访问该客户端，在移动图书馆中注册或登录您的账号。

感谢您的配合，请完成以下测试任务：

任务 1. 请通过移动图书馆平台查询您个人在图书馆的印本图书借阅信息，并阅读《扬子晚报》当日部分内容

任务 2. 在移动图书馆平台查找图书馆收藏的有关服务营销方面的图书数量，并查出《服务营销管理》（吴晓云主编）的索书号

任务 3. 在初始页面中的"图书"模块，查找并阅读"史蒂夫. 乔布斯传"，阅读第三十五章"iphone"三位一体；阅读后请转入学术资源模块

任务 4. 请使用学术资源模块，查找"雅瑟，萌萌编著"的"乔布斯全传"，阅读"化繁为简，被人咬一口的徽标"的内容，并为"化

繁为简，被人咬一口的徽标"标注红线。将该书下载到书架，对比在线原文阅读效果和下载到书架后的阅读效果。阅读该书后请发表评论，分享到您的微博（如果您没有微博就算了）

任务5. 使用学术资源模块，检索并阅读茆意宏"面向用户需求的图书馆移动信息服务"一文，了解该文中的"内容模式"中提到的主要内容服务模式是什么，用红线进行标注（并进行"撤销"操作），并为该文添加书签"移动信息服务"。对该文章进行"文献传递"，看能否从邮箱中打开此文章，对比"原文阅读"和"文献传递"后所打开文章的可视性与清晰度

任务6. 听一听"有声读物"模块中"自言自语开口说英语"

任务7. 查看"视频"模块中的"中国知识产权法的孕育与诞生"

任务8. 使用课表查询模块和学分查询模块，查询您本学期或下学期的课表及个人学分

在完成以上测试任务后，请协助完成以下调查

（三）移动图书馆用户使用体验调查表一

体验项目	细项	请打分（1—7，分值越高，代表越满意）	遇到的问题或容易出错的地方	改进的建议（例如增加或删除某些功能或设计）
初始界面	移动图书馆客户端是否易于安装			
	登录个人账户是否方便快捷			
	初始页面简洁程度			
	初始界面图标信息的含义容易理解的程度			
	不同模块或功能之间的区分是否合理			
	界面设计风格是否满意			

体验项目	细项	请打分（1—7，分值越高，代表越满意）	遇到的问题或容易出错的地方	改进的建议（例如增加或删除某些功能或设计）
初始界面	色彩搭配是否合理			
	能否迅速进入你的个人账户界面			
馆藏查询个人借阅课表查询学分查询	检索查询界面风格是否满意			
	四种查询方式（题名、作者、主题词、ISBN/ISSN）是否能满足您的查询需求			
	检索速度是否快捷			
	检索结果呈现是否清晰明了			
	个人借阅信息界面的功能设置是否符合您的需求			
	学分查询、课表查询方便程度			
视频有声读物	资源丰富程度			
	资源查找是否快捷			
	对资源视听质量的满意程度			
	资源播放的流畅度			
学术资源	学术资源界面设计是否合理			
	您认为学术资源种类是否丰富			
	您认为是否包含了您所需要的较新的学术资源			
	检索速度是否快捷			
	检索结果是否契合您的查询需求			
	您对不同类型的资源使用同样检索界面的满意程度			
	导航分类信息的含义是否规范、易懂			
	导航分类信息是否能方便您查找所需信息			

体验项目	细项	请打分（1—7，分值越高，代表越满意）	遇到的问题或容易出错的地方	改进的建议（例如增加或删除某些功能或设计）
学术资源	是否容易区分学术资源中的图书与初始界面中的图书、报纸			
	能否轻松返回上级界面或初始界面			
	能否很容易切换到初始页面的其他模块			
	在线书刊阅读界面是否清晰			
阅读体验	文献传递功能是否顺利			
	下载资源到我的书架是否顺利、快捷			
	书刊阅读时能否迅速定位到您所需要的页码			
	阅读界面功能设置是否方便且符合您的期望			
	书刊阅读后能否迅速进行阅读评论			
	书刊阅读分享功能有效情况及其满意程度			
	您对通过文献传递方式获取学术信息资源的满意程度			

（四）移动图书馆用户使用体验调查表二

调查项目	请打分（在1—7中选择，分值越高，代表"越有必要"）
您是否需要定制个性的系统显示界面	
您认为是否需要采用高级检索界面或对结果进行二次检索？	
您是否需要查阅自己的浏览历史	
您认为在移动图书馆平台增加图书预约是否必要	
您是否需要移动图书馆在资源更新时及时向您的账户或邮箱进行信息推送	

续表

调查项目	请打分（在1—7中选择，分值越高，代表"越有必要"）
您是否希望增加用户通过手机推荐图书馆购买资源的功能	
您是否需要关注其他读者阅读或检索情况（比如"热门图书""他们都在搜"、共享的资源标注）	
您是否需要关注其他读者对图书馆资源的态度和评论（比如查阅相关评论、查阅阅读时对内容的标注情况）	
您是否需要自己动手对图书、期刊论文等资源添加标签或关键词（如豆瓣网的做法）	
您是否需要进行文献评论信息中能够匿名，不直接显示个人身份信息	
您是否需要图书馆加强对移动图书馆的相关培训，以方便您的参与	
您是否认为有必要开发利用移动图书馆的视频演示系统，以方便您的学习与参与	
您是否认为有必要允许读者对资源检索结果的错误进行纠错	

（五）移动图书馆用户使用体验调查表三

调查项目	请打分（在1—7中选择，分值越高，代表"非常认同"程度越高）
移动图书馆平台中的资源对我有吸引力	
移动图书馆平台提供的功能较多，对我有吸引力	
移动图书馆平台操作简单、方便	
移动图书馆平台操作响应速度慢	
移动图书馆平台使用容易出错	
移动图书馆平台能对检索或服务中出现的错误或意外给予友好提示	
我能容易地学会使用移动图书馆网站	
总的说来，移动图书馆平台的图标信息通俗易懂	

调查项目	请打分（在1—7中选择，分值越高，代表"非常认同"程度越高）
在移动图书馆平台，有时我会找不到我想要的内容	
在移动图书馆平台使用中，我有时想寻求帮助	
在移动图书馆平台使用中，有时不知道如何继续操作	
我认为移动图书馆平台是友好的	
移动图书馆平台色彩设计搭配合理	
我喜欢移动图书馆平台界面的设计风格	
总体来说移动图书馆平台页面框架布局设计合理	
我认为使用移动图书馆平台不会对我的隐私构成威胁	
在使用移动图书馆网站中，我感觉很愉快	
我认为移动图书馆平台有助于我与其他读者开展交流	
使用移动图书馆，有助于提升我学习生活的方便性	
总的来说，我对移动图书馆平台满意	
我会向其他好友推荐使用移动图书馆平台	

（六）测试任务完成情况调查的开放式调查

（也许很烦，但诚请您一定填写）

1. 您对移动图书馆平台印象最深的是什么？

2. 如果让您给移动图书馆平台列一个评分等级，从1到7分，你会选择哪一个，为什么？

3. 您对移动图书馆平台最喜欢的功能或属性是什么？

4. 您最不喜欢移动图书馆平台的哪一点或哪些方面？

5. 您是否成功完成了所有的测试任务？如果没有，您认为原因是什么？

6. 如果让您来主导移动图书馆平台设计，您会做何改变？您认为应如何鼓励读者（用户）参与到移动图书馆平台的改进？

7. 您会向您的同伴同学推荐使用这种移动图书馆平台吗？为什么？

8. 您有什么建议或心得与您的同学或朋友在使用移动图书馆时分享？

（调查到此结束，感谢您的参与！）

附录 C：用户感知的移动图书馆服务质量问卷

亲爱的用户：

您好，欢迎参与移动图书馆有奖调查活动。

本次调查是由国家社科基金课题组（13BTQ026）联合上海、广州、南京、成都等多个图书馆联合开展。抽奖规则请参见协作参加调研的图书馆网站，获奖信息将在 2015 年 1 月 15—18 日公布。

该调查问卷将调查您对移动图书馆服务质量的认知，请根据您认可的程度进行打分。

移动图书馆服务质量研究课题组

一、基本情况

1. 您的性别：①男　　②女

2. 您的身份：

①高校低年级本科生（大一大二）

②高校高年级本科生（大三以上）　　③高校研究生

④高校教职工　　⑤公务员　　⑥企事业员工

⑦中学生　　⑧离退休人员　　⑨其他

3. 您的学科背景：

①理工　②文史　③生命 / 医学　④金融 / 经济　⑤管理　⑥其他

4. 您主要使用的移动图书馆服务类型（可多选）：

①图书馆手机门户　　②图书馆手机客户端　　③数据库移动资源

④微信公众平台　　⑤其他

5. 您使用移动图书馆服务的频率：

①每天使用　　②每周 2 次以上

③每周 1 次　　④偶尔使用　　⑤未使用

6. 您开始使用移动图书馆服务的时间：

①没使用过　　②第一次用　　③1个月以下

④1—3个月　　⑤3—6个月　　⑥半年以上

7. 您的联系方式：

E-mail（必填，以方便中奖公示）：

手机号码（选填，以方便中奖联系）：

二、以下调查是为了解您所盼望的移动图书馆的服务质量需求，请您根据自身感受判断其重要程度。

	服务质量调查项目	非常不重要	不重要	一般	重要	非常重要
功能质量	（1）可即时获知图书馆公告、培训讲座等通知信息	1	2	3	4	5
	（2）可即时查询图书馆馆藏资源	1	2	3	4	5
	（3）支持最新或热门的服务类、资源类信息推送	1	2	3	4	5
	（4）可即时查询借阅信息，办理续借、预约等相关手续	1	2	3	4	5
	（5）支持在线阅读电子资源	1	2	3	4	5
	（6）支持图书馆座位管理、研讨室预约等其他服务	1	2	3	4	5
	（7）支持语音、文字等即时交互的咨询服务	1	2	3	4	5
	（8）能吸收其他平台经验和精华，拓展服务项目（如支持百科知识查询）	1	2	3	4	5
	（9）能发挥移动设备优势，提供地理位置查询或社交服务	1	2	3	4	5
	（10）提供适合移动设备屏幕浏览的服务推广信息或书报刊资源	1	2	3	4	5
	（11）平台中信息资源类型丰富、内容可靠、具有特色	1	2	3	4	5

续表

服务质量调查项目		非常不重要	不重要	一般	重要	非常重要
功能质量	（12）内容资源精干，便于用户在碎片时间阅读和标注	1	2	3	4	5
	（13）总之，服务功能相对充分，能满足读者对图书馆利用的主要需求	1	2	3	4	5
技术质量	（1）平台界面或功能展示的文字、符号易懂	1	2	3	4	5
	（2）平台界面显示风格一致，不会因杂乱而引起用户焦虑	1	2	3	4	5
	（3）结构清晰，很容易找到所需的服务	1	2	3	4	5
	（4）操作简单，新用户也易于操作	1	2	3	4	5
	（5）提供"使用帮助"功能，支持用户自我学习或提高使用水平	1	2	3	4	5
	（6）平台运行稳定，无崩溃现象	1	2	3	4	5
	（7）友好提示用户输入错误或其他出错信息	1	2	3	4	5
	（8）除网络原因外，平台响应迅速，节省时间	1	2	3	4	5
	（9）提问、借阅、预约、支付等用户信息准确记录，不会张冠李戴	1	2	3	4	5
	（10）清楚告知用户关于平台中隐私保密政策	1	2	3	4	5
	（11）及时提示用户隐私安全管理操作方式	1	2	3	4	5
	（12）总之，移动图书馆技术质量可用性好	1	2	3	4	5
用户关怀质量	（1）重视用户荐购图书资源的意见，回应积极	1	2	3	4	5
	（2）支持用户给平台中的资源添加标签、打分评价	1	2	3	4	5
	（3）长期征集用户需求意见，结合需求定期更新平台	1	2	3	4	5
	（4）后台馆员与自助平台互相配合，快捷准确回复用户咨询	1	2	3	4	5
	（5）平台提供入口，支持用户彼此交流、信息共享	1	2	3	4	5

服务质量调查项目		非常 不重要	不重要	一般	重要	非常 重要
用户关怀质量	（6）支持用户与其他社交平台（豆瓣、QQ、微博等）交互分享	1	2	3	4	5
	（7）与其他常用信息门户融合，减少用户登录麻烦	1	2	3	4	5
	（8）及时反馈热门借阅、热门检索等用户使用热点	1	2	3	4	5
	（9）支持用户自定义设置页面（如平台界面、信息显示方式等）	1	2	3	4	5
	（10）支持用户定制自身感兴趣的信息服务或信息资源类型	1	2	3	4	5
	（11）智能预测用户偏好，提供针对性个性化服务	1	2	3	4	5
	（12）总之，使用移动图书馆令人感觉愉悦	1	2	3	4	5

三、请您根据使用移动图书馆平台的实际情况填写以下内容

（1）您最常使用的功能：

（2）您最希望改进的功能：

四、您对移动图书馆平台未来的服务有什么需求或建议，请填写

（调查到此结束，感谢您的参与！）

附录 D：移动图书馆服务质量差异性调查问卷

尊敬的用户：

您好！感谢您填写这份问卷，本问卷用于了解当前移动图书馆互动质量的水平，恳请您根据自身情况认真作答。本问卷仅供学术研究之用，问卷采用匿名方式，故恳请您开诚布公地发表意见，感谢您的支持与合作！

注：移动图书馆是借助手机、平板等移动终端设备通过下载 APP 客户端来随时随地访问图书馆资源、获取图书馆服务的新兴服务方式。

移动图书馆服务质量研究课题组

1. 您的身份：

A. 高校低年级本科生（大一大二）　　B. 高校高年级本科生（大三以上）

C. 高校研究生　　　D. 教师　　　E. 企事业工作者　　　F. 公务员

G. 中学生　　　　　H. 离退休人员　　　I. 其他

2. 您的性别：A. 男　　　B. 女

3. 您的学科背景：

A. 理学　　　B. 工学　　　C. 生命科学（含医学）　　　D. 文 / 史 / 哲

E. 法学 / 教育学 / 社会学 / 政治　　　F. 经济学（含金融学）

G. 管理学　　　H. 艺术学　　　I. 其他

4. 您是否使用过移动图书馆 APP：A. 是　　　B. 否

5. 您使用移动图书馆 APP 服务的持续时间：

A. 无　　　B. 1 周以下　　　C. 1 个月以下　　　D. 1—3 个月

E. 3—6 个月　　　F. 半年—1 年　　　G. 1 年以上

6. 您使用移动图书馆 APP 服务的频率：

A. 没使用过　　　B. 偶尔使用　　　C. 每周 1 次

D. 每周 2 次以上　　　E. 每天使用

7. 请您对下表中移动图书馆互动质量进行评分：

测评维度	测评题项	分值 1– 非常不认可；2– 不认可；3– 一般；4– 认可；5– 非常认可
移动图书馆互动质量		
资源建设参与互动	Q12_1 重视用户荐购图书资源的意见，回应积极	
	Q12_2 支持用户给平台中的资源添加标签、打分评价	
	Q12_8 及时反馈热门借阅、热门检索等用户使用热点	
	Q12_10 支持定制自身感兴趣的信息服务或信息资源类型	
用户间互动	Q12_4 支持老用户参与自助问答内容建设，快捷有效回复新用户咨询	
	Q12_5 平台提供入口，支持用户彼此交流、信息共享	
	Q12_6 支持用户与其他用户、其他社交平台交互分享信息	
平台完善参与互动	Q12_3 长期征集用户需求意见，结合需求定期更新平台	
	Q12_9 支持自定义设置（如平台界面、信息显示方式等）	
	Q12_11 智能预测用户偏好，提供针对性个性化服务	
用户感知愉悦	Q12_12 我感觉使用移动图书馆是愉悦的	

（调查到此结束，感谢您的参与！）

附录 E：感知质量对移动图书馆用户持续使用意愿影响问卷

说明：该调查问卷是了解您对移动图书馆平台服务的持续使用意愿，以便于改进移动图书馆服务，请根据您实际的感受勾选对应的选项。如非注明，请单选。

一、基本情况

1. 您的性别：①男　　②女

2. 您的身份：

①高校低年级（大一大二）　　②高校高年级（大三以上）

③高校研究生　　④教师　　⑤企事业员工

⑥公务员　　⑦离退休人员　　⑧中学生　　⑨其他

3. 您的学科背景（单选）：

①理学　　②工学　　③生命科学（含医学）　　④文/史/哲

⑤法学/教育学/社会学/政治学　　⑥经济学（含金融学）

⑦管理学　　⑧艺术学　　⑨其他

4. 您使用过的移动图书馆服务类型（可多选）：

①短信/彩信　　②移动网站（WAP）　　③ APP 客户端

④微信公众平台

5. 以上移动图书馆服务类型中，您最常用的是：

①短信/彩信　　②移动网站（WAP）

③ APP 客户端　　④微信公众平台

6. 您使用移动图书馆服务的频率：

①未使用　　②偶尔使用　　③每周1次

④每周2次以上　　⑤每天使用

7. 您使用移动图书馆服务多久了：

①没使用过　　②第一次用　　③1个月以下　　④1—3个月

⑤3—6个月　　⑥半年—1年　　⑦1年以上

8. 您的联系方式：

E-mail（必填，方便中奖公示）：

学号（工号）（选填，方便中奖联系）：

手机号码（选填，方便中奖联系）：

二、以下是从平台有用性、平台可用性、社会环境影响、自我效能、使用情绪、感知收益、感知付出了解您对移动图书馆的持续使用意愿，请根据您的使用感受填写。

2.1 平台有用性和平台易用性调查

	调查项目	非常不认可	不认可	一般	认可	非常认可
平台有用性认知	移动图书馆可方便我及时查询借阅信息，办理续借、预约等相关手续，我感觉图书馆随时在我身边	1	2	3	4	5
	移动图书馆信息资源类型（涵盖文本、多媒体等多种类型）丰富、可靠，较好满足了我的阅读需求	1	2	3	4	5
	移动图书馆包含移动设备优势，方便我进行查询地理位置或阅读交友	1	2	3	4	5
	移动图书馆功能相对完备且不断发展，满足了我对信息资源服务的主要需求	1	2	3	4	5
	移动图书馆服务能便捷地提供实际帮助，成为我日常学习和工作中新的必需工具	1	2	3	4	5
平台易用性认知	移动图书馆界面风格美观	1	2	3	4	5
	移动图书馆布局结构清晰	1	2	3	4	5
	移动图书馆容易被学会使用	1	2	3	4	5
	移动图书馆运行稳定	1	2	3	4	5
	移动图书馆响应迅速	1	2	3	4	5
	移动图书馆重视用户的隐私安全	1	2	3	4	5
	移动图书馆能够照顾到用户的使用习惯	1	2	3	4	5

2.2　持续使用意愿调查

	调查项目	非常不认可	不认可	一般	认可	非常认可
社会影响	我认为使用移动图书馆已代表时尚和利用图书馆的新趋势	1	2	3	4	5
	我周围越来越多的朋友、同学、同事使用移动图书馆服务	1	2	3	4	5
	周围人的推荐让我觉得我也很有必要使用	1	2	3	4	5
	我经常能看到有关移动图书馆的宣传报道和推广活动	1	2	3	4	5
自我效能	我拥有使用移动图书馆所需的移动设备及联网条件（网络、资金）	1	2	3	4	5
	我具备使用移动图书馆所需的知识和技能	1	2	3	4	5
	我觉得自己有能力解决使用过程中遇到的困难和问题	1	2	3	4	5
	我具有使用其他与移动图书馆类似移动服务平台的经验	1	2	3	4	5
用户关怀质量	移动图书馆支持自定义设置（如界面、定制感兴趣资源等），我很喜欢这种个性化服务	1	2	3	4	5
	移动图书馆能及时回复我的问题和建议，我觉得很受重视	1	2	3	4	5
	移动图书馆支持我与其他用户交流，或与其他社交平台（豆瓣、QQ、微博等）交互分享信息，我很喜欢	1	2	3	4	5
	移动图书馆对我有吸引力，我愿意常去查询和探求各类信息资源	1	2	3	4	5
	移动图书馆资源与功能超过我的预期，我在使用过程中常有惊喜	1	2	3	4	5
	我感觉使用移动图书馆的过程令人感觉很愉悦	1	2	3	4	5
感知价值	使用移动图书馆能够满足我与信息资源服务有关的很多需求	1	2	3	4	5
	移动图书馆能让我将碎片时间利用起来，提高时间利用效率	1	2	3	4	5

续表

	调查项目	非常 不认可	不认可	一般	认可	非常 认可
感知价值	使用移动图书馆可以让我获得存在感、得到认同	1	2	3	4	5
	使用移动图书馆对于提高我的学习、工作、生活质量有帮助	1	2	3	4	5
持续使用意愿	我以后还会继续使用移动图书馆	1	2	3	4	5
	我毕业离校后还愿意继续使用移动图书馆	1	2	3	4	5
	我会向身边的人推荐使用移动图书馆	1	2	3	4	5
	我会分享自己使用移动图书馆的经验	1	2	3	4	5
	我愿意经常提供自己的意见，促进移动图书馆改进与完善	1	2	3	4	5

三、您对移动图书馆平台未来的服务有什么需求或建议，请填写：

（调查到此结束，感谢您的参与！）

附录 F：感知质量与情感对移动图书馆用户满意度影响问卷

亲爱的用户：

您好，感谢您填写这份问卷。

本问卷用于了解您对移动图书馆的使用感知状况和满意度评价，调研采用匿名方式，结果仅供学术研究使用，恳请您根据自身真实情况认真填写作答，感谢您的支持。

注：移动图书馆是利用手机、平板等移动设备通过 APP、WAP 网页、微信、短信等平台随时随地访问图书馆资源、获取图书馆服务的新兴方式。

本问卷主体部分采用 5 分制打分方式来了解您对移动图书馆使用的感知与满意度评价。

移动图书馆服务质量研究课题组

一、基本情况

1. 您的身份：

A. 高校低年级本科生（大一大二）　　　B. 高校高年级本科生（大三以上）

C. 高校研究生　　　D. 高校教职工　　　E. 企事业员工　　　F. 公务员

G. 中学生　　　　H. 离退休人员　　　I. 其他

2. 您的性别：A. 男　　B. 女

3. 您的学科背景：A. 理工　B. 文史　C. 生命 / 医学　D. 金融 / 经济

E. 管理　F. 其他

4. 您主要使用的移动图书馆服务类型（可多选）：

A. 短 / 彩信　　B. 移动 WAP 网页　　C.APP 客户端　　D. 微信公众平台

5、您的移动图书馆服务使用频率：

A. 没使用过　B. 偶尔使用　C. 每周 1 次　D. 每周 2 次以上　E. 每天使用

6. 您的移动图书馆服务使用持续时间：

A. 无　B.1 周以下　C.1 个月以下　D.1—3 个月　E.3—6 个月

F. 半年—1年　G.1年以上

7. 您所在的机构名称（必填）：

二、使用感知状况

1. 请您对移动图书馆服务使用前后的情绪状态及其强度进行简单评价（1分表示无此情绪，5分表示情绪状态最高）

未使用前的打分					使用情感	使用后的打分				
1	2	3	4	5	听到相关宣传，想了解	1	2	3	4	5
1	2	3	4	5	觉得自己有能力使用	1	2	3	4	5
1	2	3	4	5	期待合乎自己的心意	1	2	3	4	5

2. 使用感知状况综合评价调查表

	测评项目	非常不认可	不认可	一般	认可	非常认可
感知质量	服务项目丰富（支持查询、阅读），能满足主要需求	1	2	3	4	5
	重视常用信息门户融合，方便日常生活、学习和工作	1	2	3	4	5
	移动图书馆界面风格美观、结构清晰，易懂、易用	1	2	3	4	5
	支持自定义设置（如界面、资源等），我很喜欢	1	2	3	4	5
感知价值	能够满足我较多的信息需求	1	2	3	4	5
	能够提高我的学习、工作、生活质量	1	2	3	4	5
	可以让我获得存在感、得到认同	1	2	3	4	5
	使我受益良多	1	2	3	4	5

	测评项目	非常不认可	不认可	一般	认可	非常认可
满意度	服务功能具有吸引力，尽早选择使用是明智的	1	2	3	4	5
	在使用过程中有惊喜，比我预期的好很多	1	2	3	4	5
	总体上是愉悦的，觉得时间流逝很快	1	2	3	4	5

（调查到此结束，感谢您的参与！）

附录 G：某移动图书馆优化改进效果调查问卷

为了提高服务质量，某移动图书馆一直在不断改进。本次调查是了解移动图书馆的优化改进效果，以期对今后的优化发展提供参考。

本问卷的调研信息仅用于平台的优化改进实践，请放心填写。

一、基本情况

1. 您的性别

○男　　○女

2. 您的身份

○高校低年级（大一–大二）　　○高校高年级（大三以上）

○高校研究生　○高校教职工　○公务员　○企事业人员　○其他

3. 您的学科背景

○理学　○工学　○生命科学（含医学）　○文/史/哲　○经济学（含金融学）

○法学/教育学/社会学/政治学　○管理学　○艺术学　○其他

4. 您最常用的某移动图书馆平台类型

○移动网页（WAP）　○ APP 客户端　○微信公众平台

5. 您最近一周（7天内）使用移动图书馆服务的频率

○每天使用　○每周2次以上　○每周1次　○偶尔使用　○未使用

6. 您使用移动图书馆服务多久了

○1年以上　○半年–1年　○3–6个月　○1–3个月　○1个月以下

○第一次使用　○没使用过

二、请对比您过去和现在使用移动图书馆的实际感受，分别从平台功能、平台易用性、平台与用户交互3个方面对服务质量的变化情况进行评价。

（如非注明，请用1—5的数字进行打分，1分表示"非常不认可"，5

分表示"非常认可")

2.1. 请对比过去和现在的使用感受，您是否会继续使用移动图书馆服务

○非常愿意继续使用　　○继续使用意愿一般

○不愿意继续使用　　　○说不清楚

2.2. 平台功能满足程度

	过去	现在
①即时获知通知信息		
②及时推送最新或热门的服务类、资源类信息		
③支持图书馆座位管理、研讨室预约等多种特色服务		
④支持语音、文字等即时交互的咨询服务		
⑤发挥移动设备优势（如提供地理位置查询或社交服务）		
⑥资源内容适合移动设备屏幕浏览		
⑦平台资源类型丰富、内容可靠、具有特色		
⑧便于用户在碎片时间使用		

2.3 平台易用程度

	过去	现在
①界面文字、符号易懂		
②界面显示风格一致，不会因杂乱而引起用户焦虑		
③结构清晰，很容易找到所需的服务		
④操作简单		
⑤运行稳定，无崩溃现象		
⑥响应迅速，节省时间		
⑦准确记录用户借阅、预约、检索等信息		
⑧及时提示用户隐私管理操作		
⑨平台功能拓展兼容性（如与高校教务系统、公开课等平台的融合）		

2.4 用户关怀质量

	过去	现在
①重视用户意见，回应积极		
②支持用户给平台中的资源添加标签、打分评价		
③平台定期更新		
④支持用户参与内容建设		
⑤支持用户彼此交流、信息共享		
⑥及时反馈热门借阅、热门检索等用户使用热点		
⑦支持自定义设置（如平台界面、信息显示方式等）		
⑧支持定制自身感兴趣的资源		
⑨智能预测用户偏好，提供针对性、个性化服务		

2.5 某移动图书馆服务平台的整体认知（请勾选相应的表述）

	有明显改进	有改进，但不明显	没有改进	说不清楚
①目前某移动图书馆平台的功能满足程度				
②目前某移动图书馆平台的平台易用程度				
③目前某移动图书馆平台的用户关怀质量				
④您对某移动图书馆平台目前的总体认知				

三、您对某移动图书馆平台未来的服务有什么其他需求或建议，请填写：

（调查到此结束，感谢您的参与！）

后 记

移动图书馆是将移动信息技术引入到信息服务中的新型服务形式。移动图书馆服务质量不仅包含用户从服务中实际得到的东西，也包含服务传递给用户的方式，基于用户的感知视角有助于衡量服务质量。本书以用户为中心，在移动图书馆服务现状调查的基础上，研究了移动图书馆服务质量的测评模型和服务质量提升方法。尽管本书在移动图书馆服务质量测评、用户感知的服务质量差异、移动图书馆服务质量对用户持续使用意愿、用户满意度的作用机制、移动图书馆服务平台优化的 STOC 实现框架等得到了一些有价值的研究结论，但由于受时空、人力、物力等客观因素的制约，研究过程也存在很多不足之处：

首先，移动图书馆用户后台数据获取难度和分析工作量较大，且牵涉到用户隐私，因而本研究使用用户自评的调查问卷形式来测量分析服务质量、用户持续使用意愿、用户满意度等用户行为，在精确性上不如用户使用日志分析，未来研究应该从使用日志数据来分析用户使用频率、使用年限的变化轨迹，提高行为分析的准确性。

其次，本研究在对比分析用户感知服务质量的差异时，是根据用户的个体特征进行分类的，采用的差异性分析方法是使用一般统计检验方法进行数据的初步分析，使用象限分析法弥补方差分析在差异性分析的不足，使用聚类分析法总结用户的类型，例如像教职工、公共图书馆的用户、社会人员等分组的样本数太少，今后需要全面覆盖不同的用户群，确保分析样本更具有代表性。

再次，对于移动图书馆用户使用前情感的评价，本研究采用了回忆式作答，由于选取用户均为使用持续半年以上的高级用户，对于未使用前的情感体验，用户的事后回忆可能与当时实际情况有出入，造成不可避免的偏差。

最后，对于移动图书馆用户满意度的影响因素，由于本研究的重点因素在于用户使用情感的影响及路径，综合文献调研及相关理论，本研究识别了使用前情感、感知质量、使用后情感和感知价值4个因素，而各个因素的子层面仅挑选了部分代表性项目进行测评，而各子层面之间必然也存在一定的相互影响关系，但本研究未做进一步详细探讨。

移动图书馆服务质量研究有助于提升移动信息服务水平，必将是移动信息管理领域持续的研究热点。未来进一步从用户使用行为视角进行追踪，分析不同用户特征的信息行为演化机制，融合用户智慧，探索用户参与移动图书馆服务质量改进的可能性，有助于为移动图书馆服务的推广和改进提供更深入的支持。